Segredos de um viajante
GUIA DE **ROMA**

Ruy Araújo

Segredos de um viajante
GUIA DE **ROMA**

autêntica

Copyright © 2013 Ruy Araújo
Copyright © 2013 Autêntica Editora

Coordenação editorial
Conceito Editorial (José Eduardo Gonçalves e Sílvia Rubião)

Projeto gráfico
Hardy Design

Fotografia
Ana Paola Araújo, Jane Araújo, Silvio Todeschi e Naissa Frossard

Ilustração
Cláudio Ferlauto

Revisão
Juliana Galvão
Aline Sobreira

Editora responsável
Rejane Dias

Revisado conforme o Acordo Ortográfico da Língua Portuguesa de 1990, em vigor no Brasil desde janeiro de 2009.

Todos os direitos reservados pela Autêntica Editora. Nenhuma parte desta publicação poderá ser reproduzida, seja por meios mecânicos, eletrônicos, seja via cópia xerográfica, sem a autorização prévia da Editora.

AUTÊNTICA EDITORA LTDA.
Belo Horizonte Rua Aimorés, 981, 8º andar . Funcionários . Belo Horizonte . MG 30140-071 Tel.: (55 31) 3214 5700
São Paulo Av. Paulista, 2073, Conjunto Nacional, Horsa I, 23º andar, Conj. 2301 Cerqueira César . São Paulo . SP . 01311-940 Tel.: (55 11) 3034 4468

Televendas 0800 283 13 22
www.autenticaeditora.com.br

Dados Internacionais de Catalogação na Publicação (CIP)
(Câmara Brasileira do Livro)

Araújo, Ruy
  Segredos de um viajante : Guia de Roma / Ruy Araújo. --
Belo Horizonte : Autêntica Editora, 2013.

  ISBN 978-85-8217-172-1

  1. Relatos de viagens 2. Roma (Itália) - Descrição e viagens - Guias I. Título.

13-03903   CDD-914.5632

Índices para catálogo sistemático:
1. Guias de viagem : Roma : Itália 914.5632
2. Roma : Itália : Guias de viagem 914.5632

A Jane, companheira de viagens e de vida, que me acompanha sempre com paciência, retornando sempre aos mesmos lugares para ver sempre as mesmas coisas. Perdi a conta das vezes que subimos a *cordonata* para, do alto do Campidoglio, apreciar o cenário do Fórum e descer para percorrer suas ruínas.

A ela, meus agradecimentos e meu carinho.

Roma, o perfeito amor

Os segredos sobre Roma que o viajante Ruy Araújo partilha com seus leitores são plenos daquela delicadeza que o simples turista não alcança. A "sua" Roma é feita de impressões inspiradas pelo afeto, aquele tipo de "Amor a Roma" que acomete como doença os espíritos sensíveis, de maneira stendhaliana.

A "minha" Roma, que se parece muito com a de Ruy, começou a se formar em 1974, quando ali cheguei a trabalho: deveria ficar por três dias e fiquei por trinta, graças a uma divergência a respeito de uma cláusula de interpretação dúbia em um contrato de financiamento, o primeiro realizado em âmbito internacional para a então incipiente iniciativa da FIAT em Minas Gerais. Dada a falta de um consenso entre as partes, restou-me perambular pela cidade em companhia de um novo amigo, que tinha o mais italiano dos nomes, Paolo Rossi, durante quase um mês inteiro, até que minha persistência fizesse amolecer o coração dos banqueiros. Paolo era o motorista colocado a meu dispor pela empresa, e se assustava com a decisão do jovem *dottor avvocato* de não utilizar o banco traseiro do carro. *Romanaccio di otto generazioni*, conhecedor de cada beco, cada casa, cada história, dividiu comigo sua alegria e seu orgulho de ser romano em uma amizade que só se extinguiu com sua morte, em 1989.

Ao realizar na Casa Fiat de Cultura a exposição *Roma, a vida e os imperadores*, belamente curada por Guido Clemente, prestei uma homenagem a Paolo, que me deu de presente Roma e uma vetusta coleção de discos originais de Enrico Caruso.

Reencontro aquela Roma do doce inverno de 1974 neste guia de Ruy Araújo, mineiro de São Gotardo e cidadão do mundo. São oito dias ambiciosos, para quem tiver boas pernas e disposição. Mas compensam, leitor, pois Ruy desvenda com sabedoria os segredos dessa cidade que fez brotar na mente de Stendhal as etapas da sua "cristalização amorosa", em que Bolonha representa a indiferença, e Roma, o perfeito amor. O primeiro momento é o da admiração, em que nos maravilhamos diante dos atributos do ente amado; o segundo, o do reconhecimento, diante do prazer de ter atraído o seu interesse; o terceiro, o da esperança, em que se devaneia sobre a conquista da retribuição do amor; e, finalmente, o quarto, o do deleite em se exaltar os méritos e atributos do objeto de nosso amor.

O guia de Ruy é fruto da conquista dessa quarta fase, a do triunfo de seu amor pela Roma que já foi de Stendhal e de Paolo Rossi – e que poderá ser sua, caro leitor.

José Eduardo de Lima Pereira
Presidente da Casa Fiat de Cultura

Roma e seus tesouros ocultos

"Roma, non basta una vita" (Roma, uma vida não é suficiente), dizem os romanos. Por isso, é uma temeridade e uma ousadia escrever sobre uma cidade com mais de 2.700 anos de história, que abriga a maior concentração urbana de tesouros artísticos do mundo e que vem sendo cantada por tantos através dos séculos.

O que dizer de novo sobre o Coliseu, o Panteão, o Fórum Romano, se tudo já foi dito? Se, por um lado, Roma é considerada um museu a céu aberto, que escancara ao visitante toda a sua opulência e exuberância, por outro, pode ser também uma cidade introspectiva, que esconde muitas das suas riquezas artísticas e arquitetônicas. A cada retorno, descobre-se uma fonte, uma pequena capela, um túmulo antigo, um pátio interno de um palácio, pequenos detalhes que estão fora de todos os guias e roteiros turísticos. Desde 1973, visito Roma com regularidade, e, a cada vez, volto ainda mais fascinado por ela, a cidade eterna. Assim, fui descobrindo alguns de seus inesgotáveis tesouros ocultos. E foi a vontade de compartilhar esse conhecimento que me fez escrever este livro.

O jornalista inglês Rahul Jacob, editor do caderno de viagens do *Financial Times*, em um artigo sobre Roma, pergunta: "Existe no mundo alguma cidade que tem sido mais amada e de forma tão sem reservas, e na qual aquela trindade almejada por todo viajante – civilização, cozinha e camaradagem – se apresente de maneira simultânea e com tal perfeição?". Paris, Londres e Nova York têm suas legiões de admiradores, mas têm também seus detratores, que se queixam da arrogância do parisiense, da frieza do londrino e da superficialidade do nova-iorquino. Os romanos sempre possuíram um espírito comunitário e uma atitude de conciliação. Isso pode não ser o motivo de uma primeira visita à cidade (20 milhões de pessoas a visitam todo ano), mas certamente explica porque tantos ali retornam.

Muitos a consideram a capital do Ocidente (ser capital da Itália é coisa recente), glória da civilização, tantas vezes invadida e subjugada: pelos gauleses, na época da República; pelos bárbaros, na decadência do Império; pelos franceses, no Renascimento; e, mais recentemente, pelos alemães, durante o Nazismo. Algumas vezes foi derrotada, mas nunca vencida, pois sua grandeza é inconquistável. Não existe vitória contra o tempo e a vida, como diria um grande amante e conhecedor de Roma, Afonso Arinos de Melo Franco (1905-1990). Cidade universal, "cidade da alma", como disse Lord Byron (1788-1824), o que faz com que todos, sobretudo nós, latinos e cristãos, lá nos sintamos em casa. Percorrê-la é conhecer o que o gênio humano foi capaz de construir de mais belo e grandioso; é se deslumbrar com o mais valioso patrimônio jamais reunido em uma cidade pela civilização ocidental.

Ruy Araújo

SUMÁRIO

15	**ROMA EM OITO DIAS**
17	Luta pelo poder
18	O declínio
19	Transformação
22	Mapa de Roma
25	Quando ir
26	Eventos
28	Hotéis
32	Alguns telefones úteis
32	Informações úteis
35	**1º DIA	O PORTAL DE ENTRADA – DA PIAZZA DEL POPOLO À PIAZZA DI SPAGNA**
39	Toque de gênio
41	Em honra de Augusto
44	O espetáculo das ruas
53	**2º DIA	CENTRO HISTÓRICO I, CORAÇÃO DA CIDADE – PANTEÃO, PIAZZA NAVONA E ARREDORES**
57	Centro de poder
60	Presente inusitado
61	Templo dos deuses
63	Navona, a mais romana das praças
67	Residências ilustres

73	**3º DIA	CENTRO HISTÓRICO II, O ESPLENDOR RENASCENTISTA – TEATRO DE POMPEU, CAMPO DEI FIORI, VIA GIULIA**
77	Tesouro arqueológico
78	O legado de Giovanni Baracco
79	Roda da fortuna
80	Campo dei Fiori
82	Obra prima arquitetônica
83	Reduto dos Bórgia
85	Charmosa Via Giulia
88	Ilha urbana
95	**4º DIA	ROMA IMPERIAL – FÓRUM ROMANO, COLISEU, TERMAS DE CARACALA**
100	O fabuloso Fórum Romano
104	Grandes marcos
109	Símbolo máximo do império
112	Termas luxuosas
116	Palco grandioso
123	**5º DIA	ROMA BARROCA – VENETO, SANTA MARIA MAGGIORE E FONTANA DI TREVI**
127	Esplendor barroco
130	Antigas termas
136	Joias da cidade
138	Fontana di Trevi
140	Palácios particulares

147	**6º DIA	O OUTRO LADO DO RIO TIBRE: TRASTEVERE E GIANICOLO – SANTA MARIA, VILLA FARNESINA E TEMPIETTO**
149	O coração do bairro
153	Hóspedes ilustres
157	Heroína brasileira
163	**7º DIA	O VATICANO – BASÍLICA DE SÃO PEDRO, CAPPELLA SISTINA E MUSEUS VATICANOS**
168	Obra de vários artistas
172	Patrimônio artístico
176	Os museus
181	Gênios da pintura
185	Os arredores
189	**8º DIA	ROMA PARA TODOS – VILA BORGHESE, PONTE MÍLVIA E LATRÃO**
193	Atrações modernas
195	Relíquias da Terra Santa
197	Lugar sagrado
200	Portas musicais
207	**ROMA FORA DO CENTRO**
208	Museo della Civiltá Romana
209	Basilica di San Paolo Fuori le Mura
210	Museo della Centrale Montemartini
213	Via Ápia

Ela é bela, esta Roma, tão bela que todo o resto me parece pouca coisa em comparação. Enfim, para vos dizer em uma palavra meu pensamento sobre Roma, ela é não somente a mais bela cidade do mundo, mas sem comparação com qualquer outra, mesmo com Paris.

Charles de Brosses (1709-1777), político, magistrado e historiador francês

ROMA
EM OITO DIAS

As origens de Roma remontam ao século VIII a.C., sendo o dia 21 de abril de 753 a.C. a data oficial de sua fundação. Segundo a lenda, seu fundador, Rômulo, neto do herói troiano Enéas, reuniu diversas vilas existentes nas colinas em volta do Rio Tibre e assim deu início à expansão da cidade. As colinas, que totalizam sete, permanecem como testemunhas das origens de Roma e são designadas por Campidoglio, Palatino, Aventino, Célio, Quirinale, Esquilino e Veminale. O Rio Tibre continua, como dizia outro grande amante de Roma, François-René de Chateaubriand (1768-1848), "a dividir as duas glórias: de um lado, a Roma Pagã, do outro, a Roma Cristã". Rômulo tornou-se seu primeiro rei à custa de um fratricídio, já que ele teria assassinado Remo, seu irmão gêmeo.

O período monárquico durou até o ano 509 a.C. e a Rômulo sucederam-se seis reis, cujo caráter, formação e operosidade, cada qual a sua maneira, contribuíram para a glória da cidade. Numa Pompílio introduziu na população o temor aos deuses; Túlio Hostílio privilegiou o senso da disciplina nos exércitos; Anco Márcio construiu a primeira ponte sobre o Rio Tibre; Tarquínio Prisco embelezou a cidade e revestiu a figura do soberano de grande dignidade; Sérvio Túlio deu particular atenção à segurança da cidade e à liberdade de seus cidadãos. Finalmente, Tarquínio, o Soberbo consolidou a hegemonia de Roma na região do Lácio. Mas por submeter a população a uma tirania, provocou uma revolta e a queda da monarquia. Teve início, então, a República Romana.

LUTA PELO PODER

Já durante o período dos reis, as diferenças sociais e econômicas dividiram a população em patrícios e plebeus. A luta entre eles pelo poder dominou o período republicano. No início, a liderança era exercida por dois cônsules de origem patrícia, eleitos pelo Senado pelo período de um ano, mas, na metade do século V a.C., a pressão dos plebeus levou à promulgação da chamada Lei das Doze Tábuas e à formação de uma organização política plebeia, cujos líderes, os tribunos, tinham a missão de defender os plebeus de ações arbitrárias dos patrícios. Novas pressões deram aos plebeus a prerrogativa de indicar um dos cônsules. Durante a República, Roma expandiu seus domínios, inicialmente por toda a península, e posteriormente, após suas vitórias nas guerras contra Cartago, por toda a região do Mar Mediterrâneo.

A população aumentou muito com a vinda de escravos trazidos das regiões conquistadas e com uma grande imigração proveniente principalmente da Grécia. Em meados do século I a.C., Roma já contabilizava uma população de 500 mil habitantes. Foi uma época de algum progresso, quando as ruas principais foram pavimentadas, as grandes basílicas foram edificadas no Fórum e foram construídos o primeiro aqueduto elevado, a primeira rede de esgotos e a primeira ponte em pedra sobre o Rio Tibre, além de edifícios públicos e teatros.

Foi uma época de grandes tribunos, como Catão e Cícero, e de grandes generais, como Cipião, Pompeu e César. Este último, conquistador da Gália, retornou a Roma com enorme prestígio. Eleito e reeleito cônsul, passou a concentrar tanto poder que era visto como uma ameaça ao regime pelos republicanos, os quais acabaram por assassiná-lo. Seguiram-se, então, uma luta pelo poder e uma guerra civil, da qual saiu vitorioso Augusto, sobrinho-neto e herdeiro político de César. Foi o início do período imperial.

A Augusto sucederam muitos imperadores, alguns por hereditariedade, outros por imposição das armas. Roma, capital do novo império, recebeu dos imperadores obras grandiosas, como templos, teatros, banhos, mausoléus, estádios e palácios. A expansão territorial continuou com novas conquistas, atingindo sua máxima grandeza em fins do século I d.C., quando sua população girava em torno de um milhão de habitantes.

O declínio

A decadência do império teve início no século IV d.C., quando Roma passou a dividir a administração do império com Constantinopla. No século V d.C., a cidade foi por diversas vezes invadida e saqueada por bárbaros. E quis o destino que a glória de Roma, iniciada com um Rômulo, fosse exaurida com outro, Rômulo Augusto, último imperador romano, deposto no ano 476 d.C. Sua população não passava então de 250 mil habitantes. Roma passou a ser governada pelos imperadores do Oriente, que lhe dedicavam pouca ou nenhuma atenção. Aumentava a decadência, e, no fim do século VI d.C., a população caía para 50 mil habitantes. Nesse mesmo período, cresciam os adeptos do cristianismo e o poder do Papa sobre Roma. O Papa Gregório I (540-604) foi o primeiro a prover a cidade de uma adequada administração, no que foi seguido por seus sucessores. O papado adquiriu, assim, um poder temporal, ao exercer, ao mesmo tempo, o governo e a chefia espiritual da Igreja Católica.

Transformação

O renascimento de Roma só se daria a partir do século XV, quando alguns papas, provenientes de tradicionais famílias romanas, atraíram para a cidade artistas e arquitetos de toda a Itália. A cidade passou por uma grande transformação, com o alargamento e a pavimentação de suas ruas estreitas, a edificação de residências principescas por nobres cardeais, a construção de vários palácios no estilo da época, o renascentista, e a restauração das velhas basílicas, que foram adornadas com estupendas obras de arte. No final desse século, Roma era novamente uma próspera cidade, com 100 mil habitantes.

Em 1870, Roma tornou-se capital da Itália, recém-unificada. Sua população continuou crescendo rapidamente, atingindo 500 mil habitantes no início do século XX e um milhão em 1930. Nessa época, voltou a receber grandes investimentos públicos, com a abertura de largas avenidas e construções de grandes edifícios. Para comemorar os 20 anos do fascismo, em 1942, foi projetada e iniciada a construção de um novo bairro, chamado EUR, iniciais de Esposizione Universale di Roma, que acabou não se realizando devido à Segunda Guerra Mundial.

Após a guerra, vários edifícios em estilo contemporâneo, para fins comerciais ou destinados à administração pública, foram incorporados à área, em meio a amplos parques e jardins, o que a transformou em uma ótima opção também para moradias. Esse é considerado o projeto precursor de outros que também levaram a expansão urbana para espaços afastados dos grandes centros, como La Défense, em Paris, e o Canary Wharf, em Londres.

Da década de 1930 é também a **Cinecittà**, construída por Mussolini com a intenção de propagar ideias fascistas através do cinema. Em seus seis primeiros anos de funcionamento, deu origem a mais de 300 filmes. Após a guerra, contribuiu para o nascimento de um novo gênero de filmes, o neorrealismo italiano, de enorme sucesso. A partir de 1950, a indústria cinematográfica americana, aproveitando as facilidades oferecidas pela **Cinecittà**, produziu aí filmes épicos como *Ben Hur*, *Quo Vadis* e *Cleópatra*. Atualmente, os estúdios são mais utilizados pela televisão, sendo vetado o acesso ao público.

Na segunda metade do século XX, embora a influência de Roma não fosse mais global como já havia sido, sua herança arqueológica, artística e cultural passou a atrair mais e mais turistas. O século XXI adicionou um sopro de ar fresco à velha cidade, com algumas obras modernas que provocaram uma revolução na cena artística e arquitetônica romana. A mais radical, sem dúvida, foi o museu de arte moderna **MAXXI**, projeto da arquiteta britânico-iraquiana Zaha Hadid. Destacam-se também o pavilhão de cobertura para proteção do imperial Ara Pacis, do consagrado americano Richard Meier; o **Museo Montemartini**, que ocupa o espaço da antiga estação termoelétrica Giovani Montemartini e abriga parte da coleção dos **Musei Capitolini** e o **Parco della Musica**, formidável complexo para espetáculos sinfônicos, projeto de Renzo Piano. Além de modernos cafés, hotéis-boutiques, festivais ecléticos e grandes exposições, que emprestam à cidade milenar um ar bastante cosmopolita.

Para ver e sentir tudo isso, propomos, aqui, um roteiro de oito dias, pouco para conhecer Roma em seus detalhes (lembre-se que *"una vita non basta"*), mas o suficiente para um primeiro contato. Os roteiros foram programados para serem feitos a pé em sua quase totalidade, com o uso mínimo de transporte público. Aconselhamos a leitura de todo o roteiro antes de iniciá-lo, não só para melhor assimilar as principais atrações, com seus horários e detalhes específicos, mas também para conhecer as indicações de cafés, restaurantes e compras ao longo do caminho.

MAPA DE ROMA

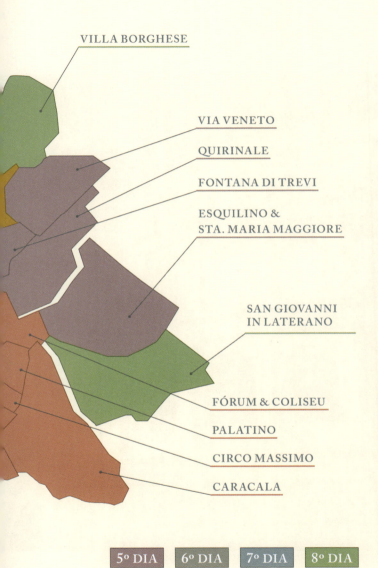

Segredos de um viajante – Guia de Roma

COLISEU

Quando ir

Além de receber uma enorme quantidade de turistas durante todo o ano, Roma é uma cidade que tem suas mais procuradas atrações concentradas em uma pequena área, o que sempre provoca filas e longo tempo de espera. Isso pode ser evitado fazendo reservas e programando visitas com horário marcado, quando for possível. Para evitar aborrecimentos e aproveitar melhor a viagem, é melhor escolher uma época em que a afluência de turistas é menor. Isso ocorre no inverno, entre a segunda quinzena de janeiro e o mês de março, antes da Semana Santa.

O inverno em Roma não costuma ser rigoroso. Os dias são até agradáveis, com temperaturas variando de 6 ºC a 12 ºC. Recomendo a escolha da primeira quinzena de março.

Da Semana Santa até fins de outubro, a cidade é literalmente invadida pelos turistas. Um pequeno intervalo com menos afluxo ocorre na segunda quinzena de agosto, entre o término das férias no hemisfério norte, em 15 de agosto, e o início de um novo afluxo, em setembro. É época de verão, sempre rigoroso em Roma, mas também é época dos maravilhosos espetáculos a céu aberto, como o festival de ópera no cenário maravilhoso das **Termas de Caracala**; dos concertos musicais no **Teatro de Marcelo** e dos recitais nas diversas igrejas, parques e palácios. Para os apreciadores da moda italiana, é também a época das liquidações de verão. Novembro é o mês da maior incidência de chuvas na cidade e deve ser evitado. O período que antecede o Natal é bastante movimentado, mas é mágico: uma decoração de extremo bom gosto que foge do lugar-comum do excesso de luzinhas coloridas e o espetáculo único dos presépios nas igrejas e na Praça de São Pedro.

Eventos

Roma, reconhecida como "Città d'Arte", oferece uma extraordinária agenda de eventos, com espetáculos musicais, concertos, festas populares, festivais, exposições, etc.

O aniversário da cidade é comemorado no domingo anterior ao dia 21 de abril na **Piazza del Campidoglio**, e, durante toda a semana, é livre o acesso aos museus da cidade. Nos meses de abril e setembro, acontece a **Feira das Artes**, na Via Margutta, e em maio e outubro, a **Feira de Antiguidades**, na Via dei Coronari.

Já a **Feira do Artesanato** tem lugar na Via dell'Orso, na última semana de setembro e na primeira de outubro. A entrada da primavera é comemorada na **Piazza di Spagna** com vários concertos e com a cobertura da escadaria com azaléas. O dia 15 de agosto, conhecido como Ferragosto, é o feriado do solstício romano e da Assunção de Nossa Senhora; é comemorado na **Piazza di Santa Maria in Trastevere**. Março é o mês da **Maratona de Roma**, e maio, o do **Aberto de Roma**, campeonato internacional de tênis. Muito interessante é a **Expo**

ROMA EM OITO DIAS

VIA MARGUTTA

Tevere, nos meses de junho e julho, quando, às margens do rio, nas proximidades da Ilha Tiberina, são montadas barracas de artesanato, comida e bebidas.

De dezembro até a Epifania, em 6 de janeiro, na **Piazza Navona**, tem lugar a chamada **Befana**, uma superconcorrida feira natalina e infantil.

Inúmeras são as festas religiosas: Santa Francesca Romana, em 9 de março; São João, em 24 de junho; São Pedro, em 29 de junho; Todos os Santos, em 1º de novembro, Santa Cecília, em 22 de novembro. Na Sexta-Feira Santa, a procissão em volta do **Coliseu** é liderada pelo papa.

Hotéis

São inúmeras as opções de hospedagem em Roma, desde verdadeiros palácios que conservam sua antiga grandeza até econômicas hospedarias dirigidas por uma família. Acompanhando a tendência de outras grandes cidades, Roma também possui seus hotéis-butiques, em que fachadas antigas se ligam ao interior decorado em estilo contemporâneo. Mantendo a tradição religiosa, a cidade ainda oferece a oportunidade de hospedagem na tranquilidade de antigos conventos. Na categoria de alto luxo, cujas diárias podem variar entre €300 e €1200, dependendo do hotel e da época da ocupação, indicamos:

Hotel de Russie – Via del Babuino, 9, junto à Piazza del Popolo. Preferido da antiga família imperial russa, também frequentado por Picasso. Tel.: (39) 06 328 881. *www.hotelderussie.it*

Hotel Hassler Roma – Piazza Trinità del Monte, 6, no topo da escadaria da Piazza di Spagna. O café da manhã é servido no terraço, de onde se descortina uma das mais soberbas vistas de Roma. Tel.: (39) 06 699 340. *www.hotelhasslerroma.com*

HOTEL DE RUSSIE

Parco dei Principi Grand Hotel – Via Gerolamo Frescobaldi, 5, em plena tranquilidade da Villa Borghese. O consagrado arquiteto italiano Gio Ponti (1891-1979) foi responsável pela mais recente reforma e pela redecoração do hotel. Tel.: (39) 06 854 421.
www.parcodeipricipi.com

Grand Hotel de la Minerve – Piazza della Minerva, a dois passos do Panteão, luxuosamente instalado em um palácio remodelado, do século XVII. Tel.: (39) 06 695 201.
www.hoteldelaminerve.com

Também na categoria luxo, mas com diárias mais razoáveis, variando entre €250 e €600:

Hotel de la Ville Intercontinental – Via Sistina, 69, ao lado do Hassler, com alguns quartos dando para o pátio interno, vizinho à Villa Borghese, onde não é raro acordar de manhã com canto de passarinhos.
Tel.: (39) 06 6733 9120. *www.interconti.com*

Hotel Saint George – Via Giulia, 62, no coração do Centro Storico. Hotel-butique e de design, com decoração *clean* e um fantástico terraço. Tel.: (39) 06 686 611.
www.stgeorgehotel.it

Hotel Raphael – Largo Febo, 2, colado à Piazza Navona. Charmoso, da cadeia Relais & Châteaux, sua recepção é um verdadeiro museu de esculturas, e seu terraço é incrível.

Tel.: (39) 06 682 831.
www.raphaelhotel.com

Hotel Donna Camilla Savelli – na Via Garibaldi, 27, um antigo monastério, bem próximo ao charme e à movimentação do Trastevere. Tel.: (39) 06 588 861.
www.hoteldonnacamillasavelli.com

Entre os econômicos € com diárias entre €100 e €300:

Hotel Concordia – Via di Capo le Case, 14, magnificamente localizado em um palácio do século XVIII, a 50 m da Piazza di Spagna. Tel.: (39) 06 6791 953.
www.concordiahotel.com

Hotel Accademia – Piazza Accademia di San Luca, 74, a meio caminho entre a Piazza di Spagna e a Fontana di Trevi, também com ótima localização.
Tel.: (39) 06 6992 2607.
www.accademiahotel.com

Daphne Inn – com dois endereços nas vizinhanças da Piazza Barberini - Via degli Avignonesi, 10 e Via di San Basilio, 55. Hotel-butique com serviço personalizado e bons preços.
Tel.: (39) 06 8745 0086/7.
www.daphne-rome.com

Casa di Santa Brigida – Piazza Farnese, 96, um dos mais belos conventos de Roma, dirigido pelas freiras da

congregação de Santa Brigida. Localização excelente, no Centro Storico. Tel.: (39) 06 6889 2596.
www.brigidine.org

Casa di Santa Francesca Romana – Via dei Vascellari, 61, no Trastevere, antigo monastério transformado em hotel, com preços bem em conta. Tel.: (39) 06 581 2125.
www.sfromana.it

Alguns telefones úteis
Assistência ao turista: 060608
Polícia: 112
Serviço de emergência: 113
Brigada de fogo: 115
Ambulância: 5510
Táxis: 063570 – 066645 – 064994 – 064157 – 065551
Correio: 803160

Informações úteis
Se a melhor maneira de conhecer uma cidade é andando a pé, isso se torna ainda mais verdadeiro em Roma, cujo Centro Histórico, em sua maior parte, não é acessível ao transporte público. Além disso, suas ruelas e becos estão repletos de interesses artísticos e históricos que não seriam percebidos de outra forma. Mas há situações em que se necessita de transporte público. Roma dispõe de um metrô com duas linhas que se cruzam na **Stazione Termini** (principal estação ferroviária da cidade). Os bilhetes podem ser adquiridos na própria estação do

metrô. Mas atenção: às vezes só funcionam as máquinas, com longas filas. Então, é melhor se prevenir e adquirir os bilhetes com antecedência em qualquer tabacaria ou nas bancas de revistas. Para distâncias menores, é preferível o ônibus ou o bonde, este último conhecido por *tram*. Há, ainda, os miniônibus elétricos que circulam por parte do Centro Histórico. Os mesmos bilhetes são aceitos em todos os tipos de transporte coletivo.

A maioria das igrejas funciona das 9h às 12h e das 15h às 19h, mas há exceções. Principalmente as grandes basílicas ficam abertas durante todo o dia. Por outro lado, algumas igrejas têm um período de abertura muito curto na parte da tarde, e outras nem mesmo abrem em determinada época do ano, motivo pelo qual é aconselhável sempre conferir os horários antes do início do passeio. Os grandes museus, galerias e monumentos podem ser visitados de 9h às 19h e normalmente fecham às segundas-feiras. De qualquer maneira, esteja sempre preparado para alguma surpresa ou falha em seus planos, pois a obediência a horários na Itália não costuma ter o rigor encontrado em outros países da Europa.

O comércio funciona das 9h30 às 13h e das 16h às 19h30, mas as lojas de departamento e os supermercados ficam abertos o dia todo. É preciso programar também as idas aos restaurantes, para evitar desencontros. Todos eles fecham uma vez por semana, e a maioria fica aberta para o almoço até as 14h30 e para o jantar até as 23h30.

*Rainha das cidades, ornamento do universo,
asilo comum das nações.*

Cícero (106 a.C.-43 a.C.), escritor, filósofo
e senador da República Romana

primeiro dia
O PORTAL DE ENTRADA

1

DA PIAZZA DEL POPOLO À PIAZZA DI SPAGNA

Este primeiro roteiro é um percurso pela Roma seiscentista, com palácios e igrejas edificados nos períodos renascentista e barroco, embora abrigue também dois ícones da época imperial: o Ara Pacis e o Augusteum. É também a Roma do comércio sofisticado, dos hotéis suntuosos, dos restaurantes e cafés elegantes. É a região eleita pelos romanos para a passegiata *ao pôr do sol, principalmente nos fins de semana, quando, nas duas grandes passarelas da cidade, a Via Condotti e a Via del Corso, juntam-se aos turistas e aproveitam um espetáculo único de alegria, diversidade e cores. É o* dolce far niente *romano, embalado pelo som de músicos amadores que, isolados ou em grupo, tocam ao longo das duas vias.*

TRINITÀ DEI MONTI

PRIMEIRO DIA

Existem alguns bons motivos para se iniciar uma visita a Roma pela **Piazza del Popolo**. A Via Flaminia, construída em 220 a.C. para ligar Roma ao Mar Adriático, e por muitos considerada a sua via mais importante, desemboca na **Porta del Popolo**. Por ali entraram alguns dos mais eminentes visitantes da cidade: os escritores Rabelais (1483-1553), Montaigne (1533-1592), De Brosses (1709-1777), Goethe (1749-1832) e Stendhal (1783-1842); o fundador do protestantismo, Lutero (1483-1546); a rainha da Suécia, Cristina (1626-1689), e também alguns invasores, como o rei francês Carlos VIII (1470-1498). Conta-se que, ao cruzar a Porta del Popolo e deparar com a praça, Lutero caiu de joelhos, elevou as mãos ao céu e exclamou: "Oh Roma, santificada pelos santos mártires e pelo sangue por eles aqui derramado". E assim permaneceu algum tempo, extasiado com tanta beleza. A **Piazza del Popolo**, um dos mais belos cenários de Roma, é também muito cara aos romanos, que a elegeram um dos principais pontos de encontro para protestos, comemorações, espetáculos.

Junto à Porta del Popolo, monumental entrada da praça, encontra-se a igreja **Santa Maria del Popolo**, construída no século XIII, substituindo uma capela do século XI, erigida sobre o que se acreditava ser o túmulo do imperador Nero (37 d.C.-68d.C.). Mais tarde, no século XV, nova reforma deu à igreja sua conformação de hoje. Essa igreja possui um belíssimo interior, abrigando um formidável tesouro artístico. Algumas das mais ilustres e tradicionais famílias romanas – Della Rovere, Chigi, Cerasi, Sforza, Odescalchi – construíram ali suas capelas e monumentos funerários, ricamente decorados. Destaque para a **capela da família Chigi,** projetada por Rafael Sanzio (1483-1520), com trabalhos de Lorenzo Lotto (1480-1556) e Gian Lorenzo Bernini (1598-1680).

Na **Cappella Cerasi,** duas soberbas pinturas de Caravaggio (1573-1610), o mestre incomparável do *chiaroescuro*: a *Conversão de São Paulo* e a *Crucificação de São Pedro*. Natural do Piemonte, Caravaggio foi ainda jovem para Roma, onde teve seu gênio reconhecido imediatamente, embora muitos considerassem sua pintura irreverente e desrespeitosa, ao mostrar a Virgem e os santos com os pés sujos e as roupas rasgadas. Temperamental e rebelde, envolveu-se em diversas brigas pelas ruas de Roma, acabando por assassinar um desafeto, o que o obrigou a viver foragido até sua morte, aos 37 anos.

Sisto V (1520-1590), um dos maiores papas da história, de origem provinciana e vida austera, foi também um grande urbanista que deu nova fisionomia à cidade. Foi ele quem mandou erguer no centro da praça, em 1589, o obelisco egípcio que relata a vida de Ramsés II no século XIII a.C. O obelisco foi trazido a Roma pelo imperador Augusto para decorar o **Circo Massimo,** após sua vitória sobre o Egito.

PRIMEIRO DIA

Toque de gênio

Do lado sul da praça, partem três importantes vias romanas: a **Ripetta,** caminho para o Vaticano, com algumas bela igrejas; o **Corso,** a antiga **Flaminia da Roma Imperial,** e **Babuino,** secular centro de obras de arte. Em 1660, o papa Alexandre VII (1599-1667), da família Chigi, encarregou o arquiteto Carlo Rainaldi (1611-1691) de projetar duas igrejas entre as três vias: **Santa Maria di Montesanto** e **Santa Maria dei Miracoli**. As igrejas deveriam ser simétricas para dar à praça um ponto central, mas o espaço entre a Via del Corso e a Via del Babuino era mais estreito que o espaço entre a Via del Corso e a Via di Ripetta. Rainaldi simplesmente projetou duas igrejas idênticas e iniciou a construção.

PALAZZO CHIGI

Em 1667, com a morte do papa, a obra foi interrompida, para ser reiniciada em 1673, sob a direção de Bernini, que teve a genial ideia de dar à igreja **Santa Maria di Montesanto**, à esquerda, uma abóbada oval com doze faces, e à igreja **Santa Maria dei Miracoli**, à direita, uma abóbada circular com oito faces, sendo idênticas as faces viradas para a praça. Essa solução, que pode ser perfeitamente visualizada do interior das igrejas, deu ao conjunto a ilusão da perfeita simetria pretendida. Eis um belo exemplo dos segredos pouco conhecidos de Roma.

A **Piazza del Popolo** sofreu sua última modificação no século XIX, quando adquiriu o formato oval atual, obra do arquiteto e urbanista Giuseppe Valadier (1762-1839), também responsável pelos **Jardins do Pincio**, situados na encosta da colina acima da praça e de onde se desfruta de uma belíssima vista de Roma. No início dessa encosta, uma bela fonte serviu de cenário para um *tête-à-tête* de fim de noite entre Marcello Mastroianni e Anouk Aimée no clássico *La doce vita*, de Fellini. Giuseppe Valadier fez, ainda, uma intervenção na fachada sul da igreja **Santa Maria del Popolo**, dando-lhe um toque neoclássico para melhor harmonizar com a aparência da praça.

A **Via Flaminia**, a partir do século XV, passou a ser conhecida como **Via del Corso**, porque lá aconteciam, na época do carnaval, as corridas de carros puxados por cavalos, então bastante popular em Roma. E essa via, que liga a Piazza del Popolo à Piazza Venezia, tornou-se a principal da cidade, abrigando uma série de palácios e igrejas. Logo no seu início, no número 18, está a **Casa di Goethe**, onde morou o famoso escritor alemão em uma de suas passagens por Roma. Seu primeiro andar foi transformado em um museu que abriga uma coleção de pinturas, desenhos e peças relacionadas com a vida de Goethe na cidade. Caso vá visitá-la e encontre a porta de entrada fechada, toque a campainha junto à porta.

Um pouco à frente, a igreja barroca de **Gesù e Maria**, do século XVII, obra dos arquitetos Carlo Maderno (1556-1629) e Carlo Rainaldi. Sua fachada é austera, revestida em mármore travertino. Já o interior, com uma só nave e três capelas laterais, é suntuoso, com uma profusão de mármores das mais diversas cores, abrigando os munumentos funerários da tradicional família romana Bolognetti.

Quase em frente, fica a igreja de **San Giacomo in Augusta**, construída no século XIV. Mais tarde foi reformada por Francesco da Volterra (1535-1594) e Carlo Maderno para ser inaugurada no Ano Santo de 1600. Seu interior é em formato elíptico, acompanhando a geometria de sua cúpula.

Em honra de Augusto

Continuando pela Via del Corso, mais à frente encontra-se a igreja dos **Santi Ambrogio e Carlo al Corso**, do século

XVII, projeto do arquiteto e padre Onorio Longhi (1568-1619), inspirado no Duomo de Milão. Possui uma enorme cúpula, obra do arquiteto, pintor e decorador Pietro da Cortona (1596-1669), um expoente do estilo barroco. Atrás dessa igreja está a **Piazza Augusto Imperatore**, com o famoso **Augusteum**, vasto túmulo construído pelo imperador no ano 28 a.C. para ser seu mausoléu. É uma construção circular de 87 m de diâmetro e vários anéis de tijolos e terra plantada com ciprestes que era coroada com uma estátua de Augusto em bronze. Os dois obeliscos que flanqueavam a entrada foram retirados e transferidos para as praças do Esquilino e do Quirinale. Ao longo do tempo, esse monumento foi utilizado como fortaleza, vinhedo, jardim, praça de touros e, ultimamente, como sala de concertos. Em 1936, o líder fascista Benito Mussolini (1883-1945) decidiu restaurá-lo, talvez com a intenção de usá-lo como seu próprio túmulo. Ao lado, ergue-se a igreja de **San Rocco**, do século XVI, com uma interessante fachada do século XIX, obra de Valadier.

Em frente, um dos mais belos monumentos clássicos de Roma, o **Ara Pacis Augustae** (Altar da Paz de Augusto): um solene altar, representando a máxima apologia ao governo de Augusto. Sua construção foi decretada pelo Senado para marcar o triunfal retorno do imperador, após as vitórias na Gália e na Espanha. Foi reconstruído ao longo de muitos anos, e suas superfícies são decoradas com frisos e relevos em mármore. Os relevos apresentam cenas mitológicas, sacrifícios de animais aos deuses, episódios de batalhas e retratos de família. Atualmente, o monumento está protegido contra os rigores do tempo por um invólucro de vidro, obra do arquiteto contemporâneo americano Richard Meier.

Retornando à Via del Corso e seguindo na direção da **Piazza Venezia,** vamos dobrar à esquerda na pequena Via delle Convertite para chegar à **Piazza San Silvestro,** importante terminal de ônibus urbanos. À nossa esquerda, está a igreja de **San Silvestro in Capite**, originária do século VIII e reconstruída no século XVI pelos arquitetos Francesco da Volterra e Carlo Maderno. É considerada a igreja dos ingleses em Roma, sempre muito presentes nessa área da cidade. A igreja tem sob sua custódia uma das relíquias mais caras à cidade: um fragmento do que se acredita ser parte da cabeça de São João Batista. Continuando pela Via della Mercede e após atravessar a Via Propaganda, encontramos a igreja **Sant'Andrea delle Fratte,** do século XII e restaurada no século XVII, sob a supervisão do arquiteto Francesco Borromini (1599-1667), o grande formulador do estilo barroco na arquitetura. O campanário e a cúpula são projetos notáveis e considerados referências do novo estilo.

No interior da igreja, estão expostos os famosos anjos de Bernini, por sinal, grande rival de Borromini, encomendados pelo papa Clemente IX (1600-1669) para decorar a **Ponte Sant'Angelo,** que dá acesso ao Vaticano.

Terminado o trabalho, o papa achou-os belos demais para ficarem expostos ao tempo e decidiu substituí-los por cópias, levando os anjos originais para o interior da igreja. Bem perto, na Via Propaganda, o **Collegio di Propaganda Fide** (Colégio para a Propaganda de Fé), do século XVII, com uma extravagante fachada barroca, última obra de Borromini.

O espetáculo das ruas

No final dessa via, começa a belíssima **Piazza di Spagna**, uma glória do barroco. Antes, era conhecida como Piazza di Francia, devido à influência francesa na área, mas a partir de século XVII adquiriu o nome atual por sediar a Embaixada da Espanha junto à Santa Sé. A partir dessa época, tornou-se o grande centro turístico de Roma. Todos os visitantes famosos procuravam se alojar em seus arredores: Rubens, Wagner, Liszt, Balzac, Stendhal, Byron, Keats. Este último viveu e morreu na **Casina Rossa**, à direita da **Scalinata di Spagna**, preservada como memorial e biblioteca em homenagem aos poetas românticos ingleses. No século XVIII, a praça era conhecida como **Ghetto de l'Inglese**, devido à grande afluência dos ingleses na cidade. Na centro da praça, encontra-se a **Fontana della Barcaccia**, obra de Bernini, feita por encomenda para o papa Urbano VIII (1521-1590), da família Barberini, uma das mais tradicionais e poderosas de Roma. A **Piazza di Spagna** sempre foi uma das favoritas para cenário de filmes.

PRIMEIRO DIA

PIAZZA DI SPAGNA

Em *O talentoso Ripley*, Matt Damon aparece lendo seu jornal em um imaginário Cafe Dinelli. Já em *A princesa e o plebeu*, Audrey Hepburn sorve um *gelato* junto à Barcaccia.

Ligando a **Piazza di Spagna** à igreja **Trinità dei Monti**, a majestosa **Scalinata di Spagna**, com seus 138 degraus, alguns retos, outros curvos, intercalados por espaçosos terraços, é projeto do desconhecido arquiteto Francesco de Sanctis, homônimo de um famoso escritor do século XIX. Concluída em 1725, é um marco dos mais notáveis da cidade, e é mais bela ainda na época da primavera, quando a escadaria fica coberta de azaleias. A vista que se descortina do alto, em que se destacam as cúpulas das igrejas, é uma das glórias de Roma. A igreja **Trinità dei Monti** foi construída pelos franceses, com apoio do Rei Luís XII (1462-1515), no século XVI, e naturalmente é considerada a igreja francesa de Roma. A fachada é obra de Giacomo della Portal (1537-1602). Em seu interior gótico encontram-se duas importantes pinturas de Daniele da Volterra (1509-1566): a *Assunção da Virgem* e a *Deposição de Cristo*.

Saindo da igreja e dobrando à direita na Viale della Trinità dei Monti, um pouco adiante, está a **Villa Medici**, um belo palácio do século XVI, que pertencia a um nobre dessa importante família originária de Florença, e que hoje pertence ao governo francês. A partir de 1666, ali passou a funcionar a **Academia di Francia a Roma**, fundada pelo rei Luís XIV (1638-1715) para permitir a jovens pintores e músicos franceses estudar na cidade. Entre outros, por ali passaram Poussin, Fragonard, Ingrès, Berlioz e Debussy. São maravilhosos e dignos de visita os jardins do palácio. Quando o grande escritor francês François-René de Chateaubriand, foi embaixador da França junto à Santa Sé, costumava usar a Villa Medici para festas e recepções. Era um apaixonado por Roma, segundo ele, "bela cidade, para tudo esquecer, tudo desprezar e morrer".

Ao sair da Villa Medici, seguindo à direita pela Viale Gabriele D'Anunzio, que desce serpenteando o **Monte Pincio**, com alguns terraços com vistas deslumbrantes, chega-se ao nosso ponto de partida, a **Piazza del Popolo**. Para encerrar o passeio, entre no tradicional e sofisticado **Hotel de Russie**, no número 9 da Via del Babuino, para um *drink* no **Jardin de Russie**, um oásis de tranquilidade e beleza em meio ao tumulto de Roma. E se ainda sobrar tempo, aproveite um dos melhores prazeres de Roma: caminhar apreciando o espetáculo das ruas, sobretudo ao entardecer. Vá pela Via del Babuino, dobre à esquerda até a Via Margutta, uma das mais charmosas da cidade, com suas belíssimas galerias de arte. Os cinéfilos vão gostar de saber que, no número 51 da Margutta, o plebeu Gregory Peck hospedou a princesa Audrey Hepburn no filme de 1953 *A princesa e o plebeu* e que, no número 110, uma placa indica que aí moraram Federico Fellini e Giulietta Massina. Volte agora à Via del Babuino e caminhe até **Piazza di Spagna**. Mesmo que não esteja com o bolso e o espírito preparados para compras, desça a Via Condotti até a Via del Corso para dar uma olhada nas vitrines das melhores grifes italianas e internacionais (e retorne pela Via Frattina).

Onde comprar

Essa é a região comercial mais importante de Roma. A **Via Condotti**, que vai da Piazza di Spagna até a **Via del Corso**, é a mais sofisticada por causa de suas joalherias e butiques de grandes estilistas. Paralelas a ela e saindo também da Piazza di Spagna, as vias **Borgognona** e **Frattina** possuem um comércio fino e variado, com destaque para artigos de vestuário. A Via del Corso é outra importante artéria comercial, com menos sofisticação. A **Via del Babuino**, que liga a Piaza di Spagna à Piazza del Popolo, destaca-se por suas galerias de arte, antiquários e lojas de móveis, mesmo tipo de comércio da tranquila **Via Marguta**. Na Via del Corso, esquina com a **Via del Tritone**, encontra-se uma da poucas lojas de departamento da cidade, a **Rinascente**.

Onde comer

No número 86 da Via Condotti, encontra-se uma venerável instituição romana, o **Caffè Grecco**, inaugurado em 1760, antigo ponto de encontro de artistas, intelectuais e visitantes de passagem por

Roma. Goethe era um *habitué*, e o veneziano
Casanova (1725-1798) o menciona em suas memórias.
Na **Piazza di Spagna** fica a tradicional casa de chá
Babington Tea Rooms, com majestosos salões
frequentados por turistas ingleses, sempre muito
numerosos em Roma. Na Via della Croce, esquina
com a Via Bocca di Leone, a **Antica Enoteca** acolhe,
nos finais de tarde, uma legião de clientes para
degustar seus variados antepastos, acompanhados de
uma taça dos melhores vinhos italianos. Na **Piazza del
Popolo**, mais duas instituições centenárias: o **Caffè
Rosati**, com um magnífico interior estilo *belle époque*,
e o **Cafe Canova**. Na época áurea do cinema italiano,
o Rosati era o reduto de Fellini e seus seguidores,
enquanto o Canova era frequentado pelo rival Pier
Paolo Pasolini e sua turma.

Ao lado do **Rosati**, está o renomado restaurante de
cozinha da Emília-Romanha, **Dal Bolognese**, que fica
fechado às segundas e terças. Tel.: (39) 06 361 1426.

Na **Piazza Augusto Imperatore**, 30, fica o **Il Vero Alfredo**,
o rei do *fettucini*, com sua galeria de retratos de frequentadores ilustres, onde se veem reis e rainhas, chefes de
estado, artistas e celebridades. Tel.: (39) 06 687 8734.

Na Via Borgognona, 11, o **Nino** atrai uma clientela fiel
que trabalha na sofisticada vizinhança, sobretudo no
almoço. Fecha aos domingos. Tel.: (39) 06 678 6752.

Segredos de um viajante – Guia de Roma

Uma ótima opção é o **Al 34**, nesse número da Via Mario dei Fiori, que tem boa cozinha, preços razoáveis e é sempre muito alegre. Fecha aos domingos. Tel.: (39) 06 679 5091.

Na Via della Croce, 81, no pátio interno do **Palazzo Boncompagni Ludovisi**, do século XVI, está a **Trattoria Otello alla Concordia**, opção informal, simples, com bons preços. Fecha aos domingos. Tel.: (39) 06 679 1178.

Na **Piazza Mignanelli**, junto à **Piazza di Spagna**, fica o tradicional e popular restaurante **Alla Rampa**. Também fecha aos domingos. Tel.: (39) 06 678 2621.

Roma é como um livro de fábulas, em cada página se encontra um prodígio.

Hans Christian Andersen (1805-1875), escritor dinamarquês, famoso por seus contos infantis

segundo dia
CENTRO HISTÓRICO I, CORAÇÃO DA CIDADE

2

PANTEÃO, PIAZZA NAVONA E ARREDORES

*O Centro Histórico de Roma pode ser dividido em dois roteiros, um à direita e outro à esquerda do Corso Vittorio Emanuele II. O primeiro pode ser considerado o coração da cidade e do país, pois abriga a sede do governo, a **Câmara dos Deputados** e o **Senado**, além de várias outras repartições públicas. Aí estão também situadas a **Câmara do Comércio** e a **Bolsa de Valores**, o que confere à região o status de principal centro financeiro da cidade. A atração maior da área é o maravilhoso **Panteão**, templo de todos os Deuses na crença pagã, que, segundo o escritor americano William Thomas (1852-1904), na sua obra* History of Italy *é o mais perfeito monumento da Antiguidade. Vamos aí encontrar belíssimas praças, como Navona, Rotonda, Minerva e San Lorenzo in Lucina, mas é nas estreitas vielas que os antigos e medievais detalhes arquitetônicos sempre surpreendem.*

Podemos iniciar o giro por essa região pelo **Largo Carlo Goldoni**, que fica no cruzamento da Via Condotti com a Via del Corso. Seguindo pela Via della Fontanella Borghese, vamos encontrar o majestoso **Palazzo Borghese**. Em estilo renascentista, com um belo pátio interno, sua construção teve início em fins do século XVI, por encomenda de um cardeal espanhol ao arquiteto Martino Longhi (1534-1591). No início do século XVII, foi adquirido pelo nobre romano Camillo Borghese (1550-1621), que se tornaria papa com o nome de Paulo V.

SEGUNDO DIA

Foi então ampliado e concluído pelo arquiteto Flaminio Ponzio (1560-1613). Abrigou durante alguns séculos a coleção que é considerada a rainha das obras de arte privadas, a qual, após ser adquirida pelo governo italiano, foi transferida para o **Museo Borghese**. O palácio permanece como propriedade dos descendentes da família. Uma de suas mais ilustres ocupantes foi Paoline Bonaparte (1780-1825), a irmã preferida de Napoleão, o imperador francês, que era casada com um Borghese.

PANTEÃO

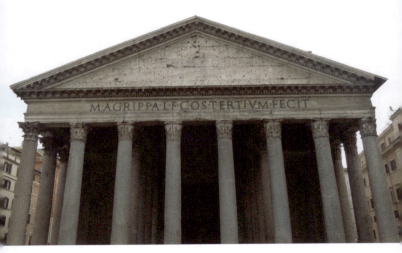

A Via del Leone liga a **Piazza Borghese** à **Piazza San Lorenzo in Lucina,** onde se encontra a igreja homônima. É uma das mais antigas igrejas de culto cristão em Roma, datada do século IV. Reformada no século XII, sua fachada conserva o aspecto medieval com colunas românicas, pórtico e campanário. Nova reforma no século XVII transformou inteiramente a parte interna da **San Lorenzo in Lucina,** que perdeu o caráter medieval, adquirindo o estilo barroco predominante na época. Os pontos altos do seu

interior são *A crucificação*, pintura de Guido Reni (1575-1642) sobre o altar principal, e a Cappella Fonseca, obra de Bernini, uma encomenda do papa Inocêncio X (1574-1655) em homenagem a seu médico particular, Gabriele Fonseca. Nessa igreja estão ainda os restos mortais do pintor francês Nicolas Poussin (1594-1665). A **Piazza San Lorenzo in Lucina** é um dos salões elegantes de Roma. Em formato triangular, atrai intelectuais, jornalistas, políticos (as sedes dos Poderes Executivo e Legislativo estão a dois passos), frequentes no tradicional **Caffè Ciampino** para um *prosecco*, um *gelato* ou uma refeição ligeira. Aos domingos, os romanos aí acorrem com suas famílias para o *brunch* em mesas espalhadas pela praça ou no salão de chá do segundo andar, durante o inverno.

Centro de poder

Voltando à Via del Corso e dobrando à direita, um pouco à frente, vamos encontrar a **Piazza Colonna**, dominada pela **Coluna de Marco Aurélio**, que celebra as vitórias do imperador filósofo. A história das guerras vem retratada em baixos-relevos que sobem pela coluna em espiral. Originalmente, a coluna tinha, no seu topo, uma imagem do imperador, que foi substituída por uma de São Paulo (alguns acreditam que seja São Pedro) no fim do século XVI, quando foi restaurada por Domenico Fontana (1543-1607). Nessa praça, situa-se o **Palazzo Chigi**, construído no final do século XVI para a família Aldobrandini e posteriormente adquirido pelos ricos banqueiros de Siena, que deram nome ao edifício, na época em que era papa um Chigi, Alexandre VII. O palácio, belo exemplo da evolução arquitetônica de Roma do estilo renascentista ao barroco, é obra do arquiteto Giacomo della Porta e hoje é a sede do governo italiano. Uma singela fonte decora a praça e passa quase despercebida no meio da incessante movimentação da região.

Ao fundo e adjacente à Piazza Colonna, está a **Piazza di Montecitorio,** com o obelisco no seu centro. Esse monumento, datado século V a.C., foi outro trazido do Egito pelo imperador Augusto. O monumental **Palazzo Montecitorio,** obra de Bernini, hoje abriga a **Câmara dos Deputados da Itália.** Diante do obelisco, parte a Via della Guglia, e um pouco à frente, dobrando à esquerda, na pitoresca **Piazza di Pietra,** vê-se o **Tempio di Adriano,** com suas enormes colunas coríntias. Foi construído em 145 d.C., à época do Imperador Antonino Pio (86-181), como uma homenagem ao seu antecessor Adriano (76-138). O atual edifício, incorporado às ruínas do templo, abriga a **Câmara de Comércio.**

No final da praça, virando à direita, vamos alcançar a **Piazza di Santo Ignazio,** cuja igreja do século XVII, homenagem ao fundador da Ordem dos Jesuítas, é obra de dois padres: o arquiteto Orazio Grassi (1583-1654) e o pintor Andréa Pozzo (1647-1709), que executou os fabulosos afrescos do interior da Igreja, com destaque para o teto, onde está representada a

Entrada de Santo Ignácio no Paraíso. Junto à Igreja, o **Palazzo del Colégio Romano**, uma antiga e famosa escola para treinamento de jovens jesuítas, hoje um renomado colégio de ensino médio.

Em frente, fica o **Palazzo Doria Pamphili**, do século XVII, um dos maiores palácios de Roma, que pertenceu a tradicionais famílias romanas como, Della Rovere, Aldobrandini, Pamphili e Doria, e que hoje abriga a **Galleria Doria Pamphili**, uma estupenda coleção de obras de arte, a maioria delas pertencente às famílias Pamphili e Doria. Entre as obras, pinturas de Tintoretto (1518-1594), Ticiano (1488-1576), Rafael, Caravaggio, o famoso retrato do papa Pamphili, Inocêncio X (1574-1655), feito por Velásquez (1599-1660), e um busto do mesmo papa, obra de Bernini. A entrada para visitar a galeria é pela Via del Corso.

Nas proximidades, algumas interessantes curiosidades da história romana. Na Via Lata, a **Fontanella del Facchino** (Fonte do Carregador), uma das mais antigas de Roma, representando um homem carregando um barril, construída em homenagem a um tipo popular, famoso por sua força física, que lhe permitia transportar um peso descomunal. Na Via della Gatta, em uma cornija do **Palazzo Grazioli**, na esquina da praça de mesmo nome, vemos a escultura de uma gata. Diz a lenda que o olhar da gata se dirige para um tesouro oculto, muito procurado mas jamais encontrado. Já na Via Pie di Marmo, esquina com a Via Santo Stefano del Cacco, chama atenção uma antiga relíquia: o pé de uma colossal estátua, provavelmente da deusa Ísis.

Presente inusitado

A Via Pie di Marmo nos leva a **Piazza della Minerva**, em cujo centro se encontra outro obelisco egípcio, colocado sobre a escultura de um elefante, obra de Bernini, feita por encomenda do papa Alexandre VII, grande protetor das artes. Sobre o elefante, um fato pitoresco. Em 1514, após a investidura de Leão X (1475-1521) como papa, delegações de diversos países estrangeiros vieram a Roma para ser apresentadas ao novo dirigente da Igreja. Entre elas, a mais numerosa e de maior sucesso pelo luxo e exotismo era a de Portugal, então no auge de seu prestígio devido às suas recentes descobertas ultramarinas. Conforme o costume, as comitivas desfilaram pelas ruas da cidade, trazendo, além do corpo diplomático, negros originários da África, índios do Brasil (considerada a primeira viagem de brasileiros a Roma) e diversos animais, entre eles um enorme elefante africano, que atraiu todas as atenções e o entusiasmo da população romana.

O sucesso foi tão grande que, passadas as festas, o elefante foi deixado como presente à cidade, aos cuidados de um certo Branconi. Festejado por oradores e tema de trabalhos poéticos, o animal chegou a ser motivo de uma pintura do grande Rafael em uma parede do **Vaticano**, desaparecida em reformas posteriores. Mas no mesmo Vaticano ainda pode ser vista uma imagem do paquiderme entalhada em madeira. Talvez a lembrança desse elefante possa ter inspirado Bernini, tempos depois, a conceber a escultura da **Piazza della Minerva**. A igreja dominicana **Santa Maria Sopra Minerva** adquiriu esse nome por ter suas fundações assentadas sobre um antigo templo dedicado à deusa Minerva. Data do século XIII e é a única igreja gótica de Roma. Seu interior contém muitas capelas e túmulos de grandes famílias romanas, destacando-se a capela da família Carafa, com os maravilhosos afrescos de Filippino Lippi (1457-1504). Entre os túmulos, os de dois papas da família Medici, Leão X (1475-1521) e Clemente VII (1478-1535), respectivamente o filho e o sobrinho de Lorenzo (1449-1492), conhecido como o Magnífico, extraordinário político e dirigente da república de Florença à época do Renascimento, grande mecenas que transformou sua cidade no centro universal das letras e das artes; o do pintor e frade dominicano Fra Angelico (1387-1455) e o de Santa Catarina de Siena (1347-1380), padroeira da Itália. O maior tesouro artístico dessa igreja pode ser visto à direita do altar: um Cristo pregado na cruz, escultura de Michelangelo (1475-1564).

Templo dos deuses

A Via della Minerva une a **Piazza della Minerva** à **Piazza della Rotonda**, onde se encontra o mais belo e conservado monumento da Roma Antiga, o **Panteão**. Foi iniciado pelo cônsul Marco Agrippa (63 a.C.-12 a.C.), genro do imperador Augusto, em gratidão aos deuses pela vitória do imperador sobre Marco Antônio e Cleópatra. Destruído pelo fogo, foi reconstruído na época de Adriano, imperador conhecido por sua devoção à cultura e à arte gregas, cuja influência é visível no pórtico frontal, suportado por 18 colunas coríntias. Acredita-se que o projeto seja de um certo Apollodoro di Damascus (65-125), um grego protegido do imperador Trajano (53-117), que viria a se tornar um dos maiores arquitetos do Império Romano. A cúpula do Panteão possui 43,3 m de diâmetro, mesma medida de sua altura, o que lhe confere um maravilhoso senso de harmonia. O conjunto é iluminado naturalmente por uma abertura de 8,92 m de diâmetro no cume da cúpula. No século VII, o Panteão foi transformado em uma igreja cristã dedicada a Maria e a todos os santos e mártires. Na época do papa Barberini, Urbano VIII, foi despojado do mármore que revestia suas paredes e do bronze dourado que recobria sua cúpula, além da porta de bronze da entrada, utilizada por Bernini na construção do **Baldacchino de San Pietro**. Ironicamente, os romanos da época diziam: *"Quod non fecerunt Barbari, fecerunt Barberini"* (o que não fizeram os bárbaros, fizeram os Barberini).

A partir da unificação da Itália no século XIX, o Panteão passou a ser o mausoléu de seus reis, estando aí enterrados Vittorio Emanuelle II (1820-1878) e Umberto I (1844-1900). Também se encontra no Panteão, o túmulo de Rafael Sanzio, que, segundo o historiador Will Durant (1885-1981), foi o artista mais feliz, mais brilhante e mais amado da história. O escritor francês André Suares (1868-1948) o considerava "o gênio incomparável dos horizontes de Roma, a alma mesmo da luz romana, o verdadeiro deus romano, que esconde seu poder sob a graça mais singela".

Uma data memorável para visitar o Panteão é o Domingo de Pentecostes, quando, após a missa, pétalas de rosa caem em cascata, lançadas da abertura superior. Também em dias de chuva, o efeito da água caindo através da abertura e se espalhando pelo colorido mármore do piso é espetacular. Para melhor apreciar a cúpula do Panteão, tome um aperitivo de fim de tarde no terraço do vizinho **Grand Hotel de la Minerve**, na **Piazza della Minerva**.

No centro da praça, há uma bela fonte, projeto de Giacomo della Porta (1532-1602), tendo ao centro outro obelisco egípcio. À esquerda, no final da **Piazza della Rotonda,** outro salão romano onde a juventude gosta de se reunir, segue a Via Giustiniani, e na próxima esquina à direita, a igreja **San Luigi dei Francesi**, em cujo interior se pode admirar três fantásticas obras de Caravaggio sobre a vida de São Mateus.

Navona, a mais romana das praças

Na esquina do Corso del Rinascimento, o **Palazzo Madama**, joia da Roma barroca, antiga residência da família Medici, hoje sede do **Senado Italiano**. Ao lado, escondida no pátio do **Palazzo della Sapienza**, outro tesouro romano, a bela e original igreja barroca **Sant'Ivo Alla Sapienza**, obra-prima de Borromini, com suas paredes em curvas côncavas e convexas e seu domo em espiral. A visita ao interior da igreja só pode ser feita aos domingos pela manhã, mas, a qualquer hora, compensa dar uma olhada no monumental pátio que a precede.

Voltando à Via Justiniani e atravessando o Corso Rinascimento, vamos encontrar a praça mais característica de Roma, ponto de encontro movimentado e alegre dentro de um panorama deslumbrante: a **Piazza Navona**. Antigo circo do imperador Domiciano (51-96), ainda ocupa o mesmo espaço e conserva o formato original. Permaneceu como local de espetáculos até fins do século XV, quando as arquibancadas começaram a ser retiradas para dar lugar às construções hoje existentes. Mas foi Inocêncio X, o papa Pamphili, que decidiu adotar a praça para dignificar seu papado e imortalizar sua família, preocupação constante dos papas provenientes das grandes famílias romanas. Fez reconstruir um obelisco, encontrado em fragmentos na Via Ápia, e o colocou no centro da praça, em cima da fonte projetada e construída por Bernini, a fabulosa **Fontana dei Quatro Fiumi**, e reformou a já existente **Fontana del Moro**.

Uma terceira fonte, **Fontana di Nettuno**, também enfeita a praça. Inocêncio X encarregou Borromini, Girolamo Rainardi (1570-1655) e Carlo Rainardi da construção da igreja **Sant'Agnese in Agone**, com sua extravagante

FONTANA DEL MORO, PIAZZA NAVONA

IGREJA DE SANT'AGNESE IN AGONE

fachada côncava e rico revestimento interno. Ao lado da igreja, reconstruiu completamente o antigo palácio da família, o **Palazzo Pamphili**, hoje sede da Embaixada do Brasil. O arquiteto foi Girolamo Rainaldi, e para a decoração interna foram contratados Nicolas Poussin (1594-1655) e Pietro da Cortona (1596-1669), cuja pintura, inspirada em poemas de Homero, Virgílio e Ovídio, enobrece a galeria de honra do palácio.

Com os fundos para a Piazza Navona, há o **Palazzo Braschi**, que hoje abriga o **Museo di Roma**, interessante amostra de pintura, bustos, retratos e móveis da sociedade romana dos séculos XVII ao XIX. Atrás do **Palazzo Dora Pamphilli**, fica a **Piazza di Pasquino**, onde se encontra a mais famosa das "estátuas falantes" de Roma, um fragmento de guerreiro grego, em cujo corpo eram colados versos satíricos de crítica aos governantes. Acredita-se que o autor era um mestre em gramática de nome Pasquino. Os romanos perpetuam a tradição e continuam expressando ali a sua indignação contra os políticos da atualidade.

Residências ilustres

Saindo da praça, a Via del Governo Vecchio conduz ao **Palazzo Nardini**, também conhecido como **Palazzo del Governo Vecchio**, antiga sede dos governos papais de Roma nos séculos XVII e XVIII. É uma construção renascentista do século XV, com um belíssimo pátio interno, com suas colunas e pórticos imponentes. Bem perto, do outro lado da rua, a **Chiesa Nuova**, do final do século XVI, construída por influência de São Filipe Néri (1515-1595), que combatia a vida suntuosa da nobreza romana e defendia os desprovidos e os humildes. Para refletir o modo de vida de seu fundador, a igreja foi terminada de forma bastante despojada, e somente após a morte de Filipe, foi decorada com afrescos de Pietro da Cortona (1596-1669) e com três telas do mestre da pintura barroca, o pintor flamengo Rubens (577-1640).

À direita, podemos seguir pela Via Filippini e depois, à esquerda, pela Via di Panico para chegarmos à antiga e famosa Via dei Coronari, por onde passavam os peregrinos que se dirigiam à **Basílica de São Pedro** e onde se estabeleciam os *coronari* (vendedores de rosários). Alguns exemplos de antigas residências romanas podem ser vistas na Via dei Coronari: no número 156, a medieval **Casa di Fiametta**, onde, dizem, habitava a amante de César Bórgia (1475-1507), filho do papa Alexandre VI (1431-1503), figura de grande influência à sua época e que desempenhou importante papel como comandante das tropas do Vaticano nas guerras de conquista dos estados papais. A casa do número 122, conhecida como **Casa Lezzani**, pertencia ao pintor Rafael Sanzio.

Retornando e continuando a caminhar pela Via dei Coronari, vamos dobrar à esquerda na Via dei Soldati, onde se encontra o belo palácio renascentista **Altemps**, que, a partir de 1997, passou a fazer parte do **Museo**

Nazionale Romano, com uma rica coleção de esculturas, entre elas o **Trono Ludovisi**, belíssimo trabalho grego do século V a.C. No final da Via dei Soldati, à direita, fica a mais antiga hospedaria romana, a **Hostaria dell'Orso**, por onde passaram ilustres visitantes de Roma, como Montaigne, Rabelais e Goethe. Hoje, na antiga hostaria funciona um restaurante, um piano-bar e uma casa noturna.

No final da rua, dobre à esquerda e, a poucos passos, na Via Zanardelli, estará o **Palazzo Primoli**, que abriga o **Museu Napoleônico**, com uma série de retratos e joias da família Bonaparte e um busto de Pauline feito pelo renomado escultor Antonio Canova (1757-1822).

Agora talvez seja hora de retornar à Hostaria dell'Orso para brindar o final dessa jornada com um aperitivo no piano-bar no interior desse belo edifício do século XIV.

Onde comprar

Nas proximidades do Panteão, existe uma infinidade de lojas que vendem artigos religiosos. Na **Via dei Coronari**, localiza-se um comércio de antiguidades e artigos de casa. Na **Via del Plebiscito** e na **Via Vittorio Emanuelle II** encontra-se um comércio variado de livros, roupas, calçados, etc. As estreitas ruas medievais que circundam a Piazza Navona estão cheias de lojas sofisticadas de antiguidades, roupas finas, joias e móveis. Na **Via del Governo Vecchio** encontram-se numerosas joalherias e lojas de acessórios para a casa. Durante o mês de dezembro, na Piazza Navona, acontece uma concorrida feira de Natal.

Onde comer

Na região, encontram-se alguns dos mais famosos cafés de Roma: o **Caffè Giolitti**, em estilo *belle époque*, na Via degli Uffici del Vicário, perto do Palazzo Montecitorio; o **Caffè Santo Eustachio**, na praça homônima, pertinho do Panteão; o **Caffè Tazza D'Oro**, na Via degli Orfani, entre a Piazza della Rotonda e a Piazza Capranica; e o **Caffè Ciampini**, na Piazza San Lorenzo in Lucina. A **Tre Scalini**, na Piazza Navona, é uma das sorveterias preferidas dos romanos, principalmente por seu tartufo. Famosa por seus chocolates artesanais é a **Confetteria Moriondo e Gariglio**, na Via di Pie di Marmo, 21. Entre os restaurantes, indicamos:

La Rosetta, na Via della Rosetta, 9. Para muitos, é o melhor restaurante de peixes de Roma, pequeno e sempre movimentado. Foi o primeiro a propor o carpaccio de peixe, sugestão que passou a ser adotada pelos demais. As sobremesas são um sucesso. Fecha aos domingos para almoço. Tel.: (39) 06 6830 8841.

Papa Giovanni, Via dei Sediari. Além da boa comida, tem uma formidável seleção de vinhos. Possui somente oito mesas e proporciona serviço personalizado. Hoje é dirigido por Daniela, a simpática filha do fundador. Fechado aos domingos. Tel.: (39) 06 686 5308.

Da Baffetto, na Via del Governo Vecchio, 114. Muito simples, é uma das mais famosas pizzarias de Roma. Fecha às terças-feiras. Tel.: (39) 06 686 1617. Recentemente foi aberto o **Bafetto2**, na Piazza del Teatro di Pompeo, 18. Tel.: (39) 06 6821 0807.

Santa Lucia, no Largo Febo, 12, junto à Piazza Navona, com um cardápio de peixes inspirado na cozinha da Costa Amalfitana. Quando faz bom tempo, é fantástica a experiência de ser servido ao ar livre no deslumbrante cenário do Largo. Tel.: (39) 06 6880 2427.

Maccheroni, no número 44 da pitoresca Piazza delle Coppelle. Oferece autêntica cozinha romana e bons vinhos. No verão, há a opção de ficar em mesas ao ar livre no ambiente acolhedor da praça. Tel.: (39) 06 6830 7895.

De todas as cidades jamais existentes sob a luz do sol, Roma é, por reconhecimento unânime, a maior e mais formosa. Não foi ela construída por obra de um só homem, nem em breve volver de tempo acumulou-se tanta beleza.

Belisário (505-565), general bizantino

terceiro dia
CENTRO HISTÓRICO II, O ESPLENDOR RENASCENTISTA

3

TEATRO DE POMPEU, CAMPO DEI FIORI, VIA GIULIA

*Antigo centro comercial e de hotelaria da cidade, situado nos arredores do **Campo dei Fiori**, esta era a região das grandes residências romanas. Hoje exibe palácios renascentistas fabulosos, como o **Venezia**, o da **Cancelleria**, o **Farnese** e o **Spada**, ao lado de ruínas da Roma Antiga, como o **Teatro de Pompeu**, o **Portico di Ottavia** e o **Teatro de Marcelo**. A charmosa Via Giulia, com seus palácios e igrejas, corta a região. É onde se situa o Ghetto, residência dos judeus desde a Idade Média, quando cruzaram o Rio Tibre vindos do Trastevere. Em frente, a única ilha urbana de Roma, a bucólica Ilha Tiberina, acessada pela mais antiga ponte, **Il Ponte Fabrizio**.*

Nosso dia começa numa das principais praças de Roma, a **Piazza Venezia**, localizada no final da Via del Corso. À direita, o imponente **Palazzo Venezia**, um pioneiro do estilo renascentista, projeto de Leon Battista Alberti (1404-1472), construído por encomenda do cardeal Pietro Barbo (1417-1471), que viria a se tornar o papa Paulo II e aí habitar. Tornou-se depois a embaixada da República de Veneza e, no século XIX, a embaixada do poderoso império austro-húngaro. Já no século XX, Benito Mussolini instalou seu escritório na **Sala del Mappamondo**, assim chamada pois lá esteve exposto durante muito tempo um dos mais antigos, se não o primeiro, globo terrestre de madeira. Decorada por

PONTE FABRIZIO

Andréa Mantegna (1430-1506), essa sala impressiona por suas dimensões: 20 m de comprimento por 13 m de largura e 13 m de altura. Da sacada que dá para a praça, Mussolini fazia seus discursos inflamados ao povo. Hoje o edifício abriga um museu, com entrada pela Via del Plebiscito, com interessante acervo de móveis, tapeçarias, armas e armaduras, esculturas, prataria e cerâmica do século XIII ao XIX, e ainda a biblioteca do Instituto de Arqueologia e de História das Artes.

Caminhando pela Via del Plebiscito, logo à frente, à esquerda temos a praça e a **Igreja de Jesus**, igreja-mãe da Ordem dos Jesuítas. Seu projeto foi encomendado pelo fundador da ordem, Santo Inácio de Loyola (1491-1556), ao arquiteto Giovanni Lippi, nascido em Florença em data desconhecida e morto em Roma em 1568. Posteriormente, tal projeto foi modificado por Michelangelo (1475-1564). Mas a construção só foi iniciada quando o cardeal Alessandro Farnese (1520-1589), membro de ilustre família romana e neto do Papa Paulo III (1468-1549), se encarregou da tarefa e contratou o arquiteto Jacopo Barozzi di Vignola (1507-1573), mais conhecido como Il Vignola, para supervisionar os trabalhos. Durante as obras, esse arquiteto veio a falecer, e a construção foi assumida por Giacomo della Porta, que a concluiu, sendo responsável também pela magnífica fachada. A **Igreja de Jesus** tem o formato de uma cruz latina com seis capelas laterais. Em uma delas, encontra-se o túmulo de Santo Inácio. O estilo, que passou a ser conhecido como estilo jesuítico, é intermediário entre o renascentista e o barroco.

Tesouro arqueológico

A partir da **Piazza del Gesù**, a Via del Plebiscito continua com o nome de Corso Vittorio Emanuelle II. A poucos passos, alcançamos o **Largo di Torre Argentina** com a **Area Sacra**, vestígios imponentes de quatro templos da Roma republicana e do **Teatro de Pompeu**, descobertos no início do século XX. São templos dos séculos IV e III a.C. e estão entre os mais antigos até hoje encontrados. Pompeu (106 a.C.-48 a.C.) era um político e general de enorme prestígio, e o chamado **Teatro de Pompeu** era não só um teatro, mas um enorme complexo com jardins, termas, templo e um espaço para reuniões do Senado. Nesse espaço, em frente a uma enorme estátua de Pompeu, foi assassinado Júlio César (100 a.C.-44 a.C.), o grande responsável pela queda do regime republicano, que vigorou por aproximadamente 500 anos, e pelo início da era imperial, um dos fatos mais marcantes dos mais de 2.750 anos da história romana. O teatro foi construído em 55 a.C., inspirado no teatro grego da ilha de Mitilene, onde Pompeu foi homenageado com grandes espetáculos após sua vitória sobre o rei Mitrídates do Helesponto. Nesse mesmo Largo encontra-se o **Teatro Argentina**, do século XVIII, de grande tradição em Roma. A ópera de Rossini *O barbeiro de Sevilha* estreou nesse teatro e não foi bem recebida pelo público, o que provocou grande descontentamento em seu autor. Foi também o palco de estreia de algumas das óperas de Verdi.

O legado de Giovanni Baracco

Um pouco à frente, está a esplêndida igreja barroca **Sant'Andrea della Vale**, com a segunda maior cúpula de Roma, somente inferior à da **Basílica de São Pedro** (no total, são 72 as cúpulas de Roma). Data do século XVI, com projeto de Giacomo della Porta e Pier Paolo Olivieri (1551-1599), e a fachada foi completada no século seguinte por Carlo Rainaldi, com sua simetria distorcida pela existência de uma escultura de anjo na parte esquerda sem a contrapartida na parte direita. Os afrescos do domo são obras de dois artistas rivais: Domenichino (1581-1641) e Giovanni Lanfranco (1582-1647). Os afrescos de Domenichino são considerados uma das maiores pinturas barrocas religiosas. Sobre elas, disse Goethe: "Em poucas palavras, poderei traduzir a felicidade deste dia. Eu vi os afrescos de Domenichino, em Andrea della Valle. Na verdade, demasiada para meses, quanto mais para um dia somente". Domenico Zampieri, o Dominichino, cuja pintura tanto encantou Goethe, é um dos artistas com mais obras espalhadas pelas igrejas e pelos museus de Roma. Natural de Bolonha, foi pioneiro da pintura barroca e ocupa lugar de destaque na história da pintura de paisagens.

Seguindo ainda o Corso, vamos encontrar o gracioso palácio renascentista **Piccola Farnesina**, obra de Antonio da Sangallo (1484-1546), que abriga um dos mais interessantes, embora pouco conhecido, museus de Roma, o **Museo Barracco**. Giovanni Barracco (1829-1914) era um rico e erudito político romano, apaixonado pela arte antiga e colecionador de esculturas. Conseguiu reunir um fantástico acervo com obras adquiridas em antiquários e nas escavações ocorridas em Roma no final do século XIX, quando a cidade passou por uma grande reforma urbanística. São esculturas etruscas, egípcias, gregas, assírias, romanas, de grande valor artístico, que, com a morte do colecionador sem herdeiros, passaram ao domínio da cidade de Roma.

Roda da fortuna

Mais adiante, está a longa e nobre fachada em travertino de um dos primeiros e mais belos palácios renascentistas de Roma, o **Palazzo della Cancelleria**, do final do século XV. Sua autoria permaneceu desconhecida devido ao desaparecimento de parte de sua documentação quando Roma foi saqueada pelas tropas do Sacro Império Romano-Germânico de Carlos V (1500-1558), em 1527. Sabe-se que a obra foi encomendada pelo cardeal Raffaele Riario (1460-1521), sobrinho do papa Sisto IV (1414-1484), talvez a Donato Bramante (1444-1514), que, se não foi o projetista original, foi, sem dúvida, o responsável por algumas obras do palácio. Diz a tradição que os recursos para a construção do palácio foram ganhos pelo cardeal em uma única noite de jogo. Se verdade, essa foi, sem dúvida, a melhor destinação já dada a uma fortuna obtida dessa forma.

Dê uma entrada para admirar o majestoso pátio interno circundado por dois andares de galerias, sustentadas por 44 colunas egípcias de granito, retiradas das ruínas do vizinho **Teatro de Pompeu**. O palácio foi desapropriado, na segunda década do século XVI, pelo Papa Leão X para abrigar a chancelaria do Vaticano, razão de seu nome. No século XVII era utilizado para apresentações musicais e no século XIX, após a reunificação italiana, serviu de sede ao Parlamento. Na fachada do palácio, no número 1 da **Piazza della Cancellaria**, está a igreja **San Lorenzo in Damaso**, construção original do século IV, obra do Papa Damaso (305-384), totalmente reconstruída por Bramante por ocasião da construção do palácio e novamente redecorada por Giuseppe Valadier no século XIX. Seu interior é rico em obras de arte com trabalhos de Bernini e Nicola Salvi, entre outros.

Campo dei Fiori

Na extremidade da **Piazza della Cancellaria**, encontra-se o **Campo dei Fiori**. Apesar de sua história registrar episódios trágicos, é um local alegre e vibrante, onde, durante os dias de semana, funciona um mercado de frutas e legumes. À noite, seus numerosos restaurantes, bares e casas noturnas garantem uma intensa movimentação. No centro do campo, palco de execuções na época da Inquisição, há uma estátua do filósofo Giordano Bruno (1548-1600), queimado por heresia. Foi também nessa praça que Caravaggio matou um desafeto em um duelo.

À esquerda, encontra-se o **Palazzo Pio Righetti**, do século XVII, construído sobre as ruínas do **Teatro de Pompeu**, e adiante, seguindo a Via dei Giubbonari, na Piazza Benedetto Cairoli, a igreja barroca **San Carlo ai Catinari**, do século XVII, pertencente à ordem religiosa dos barnabitas e dedicada ao seu benfeitor San Carlo Borromeo (1538-1584). Tem o formato de cruz grega, com uma grande cúpula ao centro (a terceira maior de Roma), projeto do arquiteto Rosato Rosati (1615-1673). A fachada dupla em travertino obedece a desenho de Giovanni Battista Soria (1581-1651). As pinturas do interior da cúpula são de Domenichino e retratam as quatro virtudes cardeais: Prudência, Justiça, Fortaleza e Temperança. Outras importantes obras do interior da igreja são a *Anunciação*, de Giovanni Lanfranco, e um retrato de San Carlo Barromeo, de Pietro da Cortona.

Voltando pela Via dei Giubbonari e dobrando à esquerda na Via di Arco del Monte, chegamos na igreja da **Santissima Trinità dei Pellegrini**, que fica na praça de mesmo nome. A interessante fachada do século XVII, de Francesco de Sanctis, é adornada com estátuas dos quatro evangelistas, trabalho do escultor Bernadino

Ludovisi (1713-1749). No interior, um belíssimo retábulo da Santíssima Trindade, de Guido Reni (1575-1642).

Obra prima arquitetônica

Na **Via Capo di Ferro**, está o **Palazzo Spada**, obra de Bartolomeo Baronino (1511-1554), cuja fachada é considerada a mais rica entre os palácios romanos do século XVI, com sua decoração escultórica estucada em estilo maneirista. No século XVII, o palácio foi adquirido pelo cardeal Spada (1594-1661), que contratou Francesco Borromini para reformá-lo. Borromini se desincumbiu da missão, criando uma obra-prima de falsa perspectiva na galeria do jardim, em que uma sequência de colunas de altura decrescente e um pavimento que sobe provocam a ilusão de ótica de se estar diante de uma galeria de 37 m de comprimento, quando, na realidade, ela não possui mais do que 8 m. No fundo, uma estátua de 60 cm de altura é percebida como se fosse em tamanho natural. No pátio interno, uma série de estátuas de deuses da Antiguidade: Hércules, Vênus, Júpiter, Minerva, entre outros, e no interior do palácio, uma colossal estátua de Pompeu que, acredita-se, é aquela aos pés da qual César foi assassinado. O palácio abriga, ainda, a **Galleria Spada**, uma formidável coleção de pinturas com obras de Ticiano, Caravaggio, Domenichino, Rubens, entre outros.

Reduto dos Bórgia

Perto do **Palazzo Spada**, na **Piazza Farnese**, fica o mais suntuoso entre os palácios da Roma renascentista, o **Palazzo Farnese**, projetado por Antonio da Sangallo, por encomenda do cardeal Alexandre Farnese, homônimo de seu neto já citado, que depois se tornaria papa, sob o nome de Paulo III. Com a morte de Sangallo antes do término da obra, Michelangelo foi contratado, introduzindo algumas modificações na fachada e construindo todo o terceiro andar. Projetou também uma ligação que não chegou a ser concluída entre os jardins do palácio, voltados para o Rio Tibre, e outra propriedade da família Farnese, a **Villa Farnesina**, situada do outro lado do rio. Acima da Via Giulia, nos fundos do palácio, pode ser visto o elegante arco que era parte do projeto. Desde 1871, o palácio é a sede da Embaixada da França em Roma. Na **Piazza Farnese**, duas belíssimas fontes, construídas com granito egípcio retiradas das **Termas de Caracala**.

Na Via Monserrato, na saída da praça, a igreja **San Girolamo della Carità**, do século IV, reconstruída no século XVI com fachada de Carlo Rainaldi. No altar-mor há uma bela pintura de Domenichino, *L'Ultima comunione di San Girolamo*, e numa das capelas, uma estátua de mármore de São Filipe Néri. A atração maior é a **Cappella Spada**, obra prima de Borromini. Na mesma rua, a igreja **Santa Maria di Monserrato**, homenagem à virgem negra, muito cultuada na Espanha, motivo pelo qual se tornou a igreja dos espanhóis em Roma. Alexandre VI (1431-1503), papa da família Bórgia, de origem espanhola, foi o responsável pela construção da igreja e tem nela o seu túmulo, como também o papa Calisto III (1378-1458), da mesma família. Durante o papado de Alexandre VI, a igreja viveu uma das mais agitadas páginas de sua história. Muito se dizia do comportamento devasso do papa e de seus filhos César (1475-1507) e Lucrécia Bórgia (1480-1519), famosos também pelo despotismo e pela crueldade No interior da igreja, destaca-se um busto de um cardeal, Pietro Molto, feito por Bernini e uma estátua de São Jaime, obra de Jacomo Sansovino (1486-1570).

No prolongamento da Via Monserrato, segue a **Via dei Banchi Vecchi**, pequena rua com uma série de monumentos importantes. Logo no início, a igreja **Santa Lucia del Gonfalone**, com um magnífico teto trabalhado em madeira dourada; no número 24, o **Palazzo dei Pupazzi**, com uma graciosa fachada renascentista com relevos de troféus, armas, flores e frutas sustentados por cupidos; no número 118, o **Palazzo Sforza Cesarini**, hoje não muito atraente, mas, no século XV, residência da poderoso cardeal Rodrigo Bórgia, posteriormente papa Alexandre VI.

Atingimos agora nosso já conhecido **Corso Vittorio Emanuelle II**, e dobrando à esquerda na Via del Consolato chegamos ao **Largo dei Fiorentini,** região onde vivia uma grande comunidade da cidade de Florença, à qual pertencia o papa Leão X, que promoveu a construção da igreja **San Giovanni Battista dei Fiorentini.** Vários projetos foram feitos por Sansovino, Sangallo, Michelangelo, mas a construção acabou sendo realizada por Giacomo della Porta e terminada por Carlo Maderno. Com três naves e cinco capelas de cada lado, teve a decoração interna executada por vários artistas florentinos.

Charmosa Via Giulia

Estamos numa das extremidades da **Via Giulia,** uma das mais importantes da Roma renascentista. Sua abertura foi encomendada ao arquiteto Donato Bramante pelo papa Júlio II (1443-1513), um nobre da família Della Rovere e um dos mais notáveis papas da cristandade, do qual ainda falaremos muito. Como parte de um plano urbanístico de Roma, a nova via deveria concentrar todas as instituições governamentais. O projeto não foi totalmente concluído, mas a **Via Giulia** tornou-se uma das mais charmosas da cidade, polo de novas construções privadas. Ainda hoje conserva seu encanto. É um prazer percorrê-la admirando suas igrejas, seus palácios e o comércio de antiguidades. No número 62, situa-se o hotel-butique **Saint George,** de cujo terraço se descortina uma fabulosa vista da cidade, com suas cúpulas, torres, fontes e obeliscos. No número 66, o **Palazzo Sacchetti,**

Segredos de um viajante – Guia de Roma

VIA GIULIA

construído por Sangallo para ser sua própria residência. Hoje, infelizmente, não é aberto ao público.

Um pouco adiante, à direita, fica a igreja **San Biagio della Pagnota**, homenagem ao bispo armênio martirizado no século IV; em seguida, a igreja **Santa Maria del Suffragio**, do século XVII, com fachada de Carlo Rainaldi. Na altura da Via della Barcheta, à esquerda na **Piazza di Sant'Eligio**, está a única igreja projetada por Rafael Sanzio em Roma, **Sant'Eligio degli Orefici**, por solicitação da comunidade dos ourives. Voltando à Via Giulia, à esquerda, a igreja da comunidade de Siena, **Santa Catarina da Siena**; em frente, o belo **Palazzo Falconieri**, obra de Borromini. A Via Giulia termina no **Lungotevere**, a larga avenida que margeia o Rio Tibre. Caminhando por ela vamos encontrar, um pouco adiante, uma antiga sinagoga e o **Museo Hebraico di Roma**, na região onde se encontrava o Ghetto judeu, um pequeno quarteirão habitado por uma das mais antigas comunidades judias da Europa. Ao lado, as ruínas do **Portico di Ottavia**, cujo nome é uma homenagem à irmã do imperador Augusto. Casada com Marco Antônio (82 a.C.-30 a.C.), Otávia (69 a.C.-11 a.C.) foi repudiada pelo marido, que se encantou com o charme de Cleópatra (69 a.C.-30 a.C.), rainha do Egito. Marco Antônio travou uma longa disputa com Augusto pelo poder supremo de Roma, acabando por ser derrotado. O monumento originalmente era um recinto cercado de pórticos, que encerrava os templos de Júpiter e Juno, construídos no século II a.C.

Ilha urbana

Em frente, está a mais antiga ponte de Roma, a **Ponte Fabrizio**, construída no ano 62 a.C., que dá acesso à **Ilha Tiberina**, um dos locais mais pitorescos da cidade. Era local de culto no **Tempio di Esculapio**, deus da Medicina, desde o ano 292 a.C., quando ocorreu uma grande peste na cidade. Sobre as ruínas desse templo, foi erguida, no século X, a igreja de **San Bartolomeo**, que conserva em seu interior a imagem, dita milagrosa, de **Madonna della Lampada**, encontrada após uma inundação ocorrida no século XVI. Voltando pela mesma ponte, dobrando à direita no Lungotevere dei Cenci e à esquerda na Via del Teatro di Marcello, vamos encontrar a igreja **San Nicola in Carcere**, do século VI, reconstruída no século XVI, com uma nova fachada de Giacomo della Porta.

Ao lado, fica um campanário medieval, antiga torre fortificada. Na sequência, o colossal **Teatro de Marcelo**, construção iniciada sob Júlio César para rivalizar com o construído por seu desafeto Pompeu. Morto César, as obras foram paralisadas e mais tarde retomadas por Augusto, que dedicou o teatro ao seu sobrinho e herdeiro Marcelo (42 a.C.-23 a.C.), filho de Otávia. Além de sobrinho, Marcelo tornou-se também genro do imperador, ao casar-se com sua filha única, Júlia (39 a.C.-14 d.C.). Morreu prematuramente, aos 19 anos de idade. O teatro podia comportar uma plateia de até 20 mil

pessoas. Na Idade Média, passou a ser uma fortaleza, e
no século XVI, foi transformado em um palácio para a
família Savelli. Posteriormente, passou a pertencer
à família Orsini, motivo pelo qual é também conhecido como **Palazzo Orsini**. No verão, a partir do mês
de junho, o **Teatro de Marcelo** é palco de concertos
de música com programação que vai do clássico
ao contemporâneo.

Da Via del Teatro di Marcello, à esquerda, parte a Via
dei Funari, que prossegue até a **Piazza Matei**. No centro
dessa pequena praça, há uma das mais graciosas fontes
de Roma, a **Fontana delle Tartarughe**. Caminhando
pela Via Paganica à direita e novamente à direita pela
Via delle Boteghe Oscure, continuando pela Via San
Marco, voltamos ao nosso ponto de partida, nas
proximidades do **Palazzo Venezia**. Ao lado dele, na
Piazza San Marco, fica a basílica do século IV dedicada
ao patrono de Veneza e, por isso mesmo, frequentada
pela comunidade veneziana de Roma. Ali estão
algumas relíquias do santo. Reformada no século IX,
o seu interior traz, no teto, os lindos revestimentos em
mosaico, tão característicos de Veneza.

Dominando a praça em frente, a Piazza Venezia, a
colossal estrutura do monumento a Vittorio Emanuelle
II, primeiro rei da Itália após sua reunificação, em 1861.
Conhecido como **Altare della Patria**, o monumento
contém o Túmulo do Soldado Desconhecido, um museu

ALTARE DELLA PATRIA,
AO FUNDO

e uma imponente estátua equestre do monarca. Compensa o esforço de subir até o café do terraço do quarto andar para um drink. Um elevador de vidro sobe deste até o **Terrazza delle Quadrighe**, no topo do edifício, de onde se descortina uma estupenda vista de Roma.

Onde comprar

As ruas situadas perto do **Campo dei Fiori** têm o nome ligado ao comércio que existia no local. Assim, a **Via dei Baulari** era a rua dos fabricantes de carroças, a **Via dei Cappellari**, a dos fabricantes de chapéu, a **Via dei Giubbonari**, a dos fabricantes de jaquetas, e assim por diante. Algumas dessas vocações ainda prevalecem, como na atual **Via del Pellegrino**, antiga Via degli Orefici, com seu comércio de joias. Na **Via Monserrato** e na **Via dei Banchi Vecchi**, predomina o comércio de antiguidades e

objetos usados. Na **Via Giulia**, como já foi dito, prevalecem as lojas de antiguidades e objetos de arte.

Onde comer

Na bucólica Piazza del Paradiso, a meio-caminho entre a Piazza Navona e o Campo dei Fiori, a simpática **Hostaria Costanza** tem boa comida, serviço acolhedor e uma atmosfera bem típica da Roma Antiga. Ocupa um espaço que antigamente era parte do Teatro de Pompeu. Fecha aos domingos à noite. Tel.: (39) 06 686 1717.

No maravilhoso cenário da Piazza Farnese, o elegante **Camponeschi** oferece a opção de um terraço para dias mais quentes e uma carta de vinhos com mais de 300 rótulos. Fecha aos domingos. Tel.: (39) 06 687 4927.

Na tranquilidade da Ilha Tiberina, encontra-se uma boa comida romana a preços módicos no **Sora Lella**, nome da antiga proprietária, hoje dirigido por seus descendentes. Fecha aos domingos e na quarta-feira para almoço Tel.: (39) 06 686 1601.

Pierluigi, cozinha tradicional com especialidade de peixe. O proprietário, Lorenzo, já viveu no Brasil e dá uma atenção especial aos brasileiros. Fica na Piazza dei Ricci, 144. Tel.: (39) 06 6861 302.

Desde 1959, no número 23 do **Vicollo dell'Oro**, no início da Via Giulia, funciona a **Taverna Giulia,** elegante e com preços moderados e uma boa cozinha ligúria. Fecha aos domingos. Tel.: (39) 06 686 9768.

Uma boa opção para domingo, quando grande parte dos restaurantes está fechada, é o **Da Pancrazio,** na Piazza del Biscione, bem perto do Campo dei Fiori. Também construído sobre as ruínas do Teatro de Pompeu, é muito popular por sua herança arqueológica e por sua cozinha. Um verdadeiro restaurante-museu com um ambiente bastante acolhedor. Fecha às quartas-feiras. Tel.: (39) 06 686 1246.

O que encontro em Roma é uma cidade eterna. Com dois mil e seiscentos anos de existência, ela é, de uma forma ou de outra, a metrópole de grande parte do universo. Cada um que vem a Roma crê aí encontrar sua pátria.

Montesquieu (1689-1755),
filósofo e escritor francês

quarto dia
ROMA IMPERIAL

4

FÓRUM ROMANO, COLISEU, TERMAS DE CARACALA

*As ruínas do monumental Fórum Romano, com vestígios milenares da vida cotidiana na Antiguidade, são o ponto alto deste roteiro, juntamente com locais emblemáticos dedicados ao lazer dos romanos da época, como o **Coliseu**, o **Circo Massimo** e as **Termas de Caracala**. Podem ser vistos, ainda, belos prédios destinados à administração pública e os templos localizados no Fórum, além das moradias grandiosas dos patrícios na colina do Palatino. Vistas deslumbrantes da cidade se descortinam da pouco conhecida colina do Célio, com suas antigas casas romanas ao lado de igrejas medievais, e da colina do Aventino, uma área residencial tranquila e sofisticada. Vizinha a essa colina, a região do Testaccio, centro da vida noturna da Roma de hoje.*

Vamos iniciar a exploração da Roma imperial saindo da **Piazza Venezia** pela Via del Teatro di Marcello até encontrar, à esquerda, duas grandes escadarias. A primeira, obra do século XIV, é bastante íngreme, com seus 122 degraus que conduzem à igreja **Santa Maria in Aracoeli**; a outra, suave, quase uma rampa, conhecida como *cordonata*, construída 200 anos depois, leva à **Piazza del Campidoglio**, mesma designação da colina, uma das sete da Roma Antiga.

O aspecto atual da praça, a fachada dos palácios que a circulam e a *cordonata* obedecem a desenhos de

QUARTO DIA

Michelangelo, feitos por encomenda do papa Paulo III, pertencente à poderosa família romana Farnese. É talvez o espaço urbano mais importante do mundo, pois há mais de 2.700 anos, desde a fundação de Roma, os edifícios e os templos aí construídos e que se sucederam foram destinados a abrigar o poder político. Durante séculos, o mundo foi governado do interior dos seus palácios. Hoje um deles, o **Palazzo Senatorio**, permanece como sede da prefeitura de Roma.

CAPITÓLIO

No início da *cordonata*, vê-se um par de leões de granito egípcio, um de cada lado; no alto, foram colocadas as estátuas clássicas gigantes de Castor e Pólux, gêmeos da mitologia greco-romana. Entre as duas escadas, uma estátua de Cola di Rienzo (1313-1354), político e tribuno romano, um revolucionário que sonhava com o restabelecimento do poder de Roma e que foi morto nesse local. No centro da praça, onde se pode admirar a elegância do piso desenhado por Michelangelo, o artista projetou um pedestal para receber a famosa estátua equestre de Marco Aurélio, um dos mais importantes monumentos da Roma Antiga e a única que restou entre todas as congêneres dos imperadores romanos. Hoje, a que aí se vê é cópia da autêntica, instalada no interior dos **Musei Capitolini**, que ocupam dois palácios da praça. O da esquerda é o **Palazzo Nuovo**, projeto de Michelangelo só concluído no século XVII, que possui, entre suas atrações, 69 bustos de imperadores e imperatrizes, bustos de filósofos romanos e gregos, além da já citada estátua de Marco Aurélio.

À direita, o **Palazzo dei Conservatori**, do século XVI, contém diversas esculturas, entre as quais a da loba da lenda da fundação de Roma, obra etrusca do século V a.C. Os gêmeos Rômulo e Remo foram adicionados no início do século XVI. A pinacoteca do segundo andar é rica em quadros famosos de consagrados artistas: a *Madalena*, de Tintoretto, o *Batismo de Cristo*, de Ticiano, *O rapto da Europa*, de Veronese,

O rapto das sabinas, de Pietro da Cortona, *São João Batista*, de Caravaggio, entre outros.

Outra escadaria liga a praça à igreja **Santa Maria in Aracoeli**, do século VI, reformada e ampliada no século XIII. Foi construída no local onde existia um templo romano, e, segundo a lenda, lá uma mulher do povo aproximou-se do imperador Tibério e lhe informou que no Oriente havia nascido o verdadeiro Deus, Jesus Cristo. A pintura dourada do teto retrata a vitória do Ocidente sobre os turcos na batalha de Lepanto, em 1571. A igreja abriga os túmulos de destacadas figuras da vida romana e capelas dedicadas a famílias tradicionais. Acredita-se que os restos mortais de Santa Helena, mãe do imperador Constantino (272-337), convertido ao cristianismo, esteja em uma urna colocada na ala esquerda da igreja. Na sacristia, encontra-se a imagem muito venerada pelos romanos do Santo Bambinello, uma escultura em madeira retirada de uma oliveira do jardim de Getsêmani, na Terra Santa, tida como milagrosa. Na época de Natal, é essa imagem que representa Jesus na manjedoura do presépio dessa igreja. Na mesma sacristia, está *A Sagrada Família*, obra importante de Giulio Romano (1492-1546), discípulo de Rafaello.

Ao fundo da praça, o **Palazzo Senatorio**, do século XII, remodelado por Michelangelo no século XVI, é muito caro a nós, brasileiros, pois serviu de modelo para a construção do Palácio da Câmara de Ouro Preto (MG), hoje Museu da Inconfidência. Em frente, há uma bela fonte e uma escultura da deusa Roma, equivalente à Minerva dos gregos.

O fabuloso Fórum Romano

Nas laterais, alguns lances de escada nos conduzem aos terraços de onde se descortina uma das mais emblemáticas vistas do mundo: as ruínas do **Fórum Romano** com o majestoso **Coliseu** ao longe. Tal vista nos leva a imaginar o que foi Roma na sua grandeza, e a cada vez que se volta a apreciar a mesma cena ela sugere algum aspecto diferente da sua história. A visão do Fórum nos faz compreender melhor a força do povo romano, com toda justiça conhecido como povo construtor, que tinha o gênio de fundar e edificar. As grandes épocas foram sempre marcadas por grandes obras, fator de afirmação dos povos. As ruínas do Fórum Romano permanecem como um testemunho vivo de uma época prodigiosa. Foi ao se encantar com tal visão que o político e escritor inglês Edward Gibbon (1737-1794) teve a inspiração para escrever o grande clássico sobre Roma: *Declínio e Queda do Império Romano*.

O **Fórum** era o centro cívico, cultural e comercial da Roma Antiga. Foi construído no local onde existia um pântano, drenado pela Cloaca Máxima, a mais antiga rede de esgoto de que se tem notícia, iniciada na época do rei Tarquínio Prisco (616 a.C.-578 a.C.). Logo na

FÓRUM ROMANO

entrada do Fórum, Pietro da Cortona edificou, no século XVII, uma graciosa igreja barroca em dois níveis, a **Santi Luca e Martina**, onde está sepultado. Bem perto, no final do século XVI, Giacomo della Porta construiu a igreja **San Giuseppe dei Falegnami**, muito usada para casamentos. Abaixo dela, numa antiga prisão, a capela **San Pietro in Carcere**. Segundo a tradição, foi aí que Nero manteve São Pedro preso. Entre as construções do antigo Fórum, podem-se distinguir as ruínas do que restou dos seguintes edifícios:

A **Basílica Emília** do século II a.C. Nessa época, o termo "basílica" não possuía o sentido religioso que tem hoje. Era um local de reuniões de políticos, homens de negócio, cobradores de impostos, onde também se faziam transações comerciais.

A **Curia**, onde se reunia o Senado, da época do terceiro rei de Roma, Túlio Hostílio, que reinou entre 673 a 641 a.C. Foi reconstruída várias vezes, e a edificação que se vê hoje é da época do imperador Diocleciano (244-311).

A **Rostra**, reconstruída por Júlio César, era uma tribuna de onde os oradores se dirigiam ao povo.

A **Casa delle Vergine Vestale**, onde viviam as vestais, jovens destinadas a manter sempre aceso o fogo do templo de Vesta, a deusa do fogo.

Diversos templos, como o de **Vesta**, reconstruído no século IV, em um elegante formato circular; o de **Castor** e **Pólux**, com suas três remanescentes colunas coríntias, um dos mais antigos, datado de 484 a.C.; o de **Rômulo**, obra do imperador Massenzio (278-312) em homenagem a seu filho, homônimo do fundador de Roma, que serve de entrada para a **Basílica de São Cosme e Damião**, do século VI, que encerra um dos mais antigos e belos mosaicos da cidade; o de **Saturno**, de 497 a.C., que sobrevive com suas oito colunas de granito egípcio; o da **Concórdia**, edificado para celebrar a paz entre patrícios e plebeus após uma disputa política que paralisou o governo da República, e que, por ocasionalmente servir para reuniões do Senado, foi palco de grandes discursos de César e Cícero. O principal entre os templos, o de **Júpiter**, também da época de Tarquínio Prisco e centro da vida religiosa romana, encontrava-se na parte sul da colina do **Campidoglio**, onde ainda se veem as suas ruínas.

Grandes marcos

Com o crescimento de Roma, o primitivo Fórum ficou pequeno. Quando Júlio César voltou a Roma, após suas conquistas na Gália, cheio de glória e riqueza, decidiu ampliá-lo com novas edificações, e assim surgiu o **Fórum de César** com a **Basílica Júlia**, destinada a abrigar as cortes de justiça e o **Templo de Vênus**, deusa da qual César se considerava descendente. A praça cívica do

Fórum de César era ornada com a sua estátua equestre, hoje desaparecida.

A partir do exemplo de César, a maioria dos imperadores romanos construiu nesse local marcos de sua época: o triunfal de **Arco de Tito,** construído no ano 81 para celebrar a tomada de Jerusalém pelos romanos, com relevos representando pilhagens do templo; o de Settimio Severo, do ano 203, homenagem a esse imperador de

ARCO DE TITO

origem africana, que deixou em Roma algumas obras monumentais; o **Templo de Antonino e Faustina**, construído pelo imperador Antonino (76-138) em homenagem póstuma a sua esposa; a **Basílica de Constantino e Magêncio**, o maior edifício do Fórum. Todos esses monumentos estão integrados ao primitivo Fórum Romano e em razoável estado de conservação.

Um dos grandes prazeres de Roma é percorrer a **Via Sacra** que se inicia nos fundos do **Palazzo Senatorio**, passa por entre essas ruínas e termina nas encostas de outra das sete colinas, o **Palatino**, considerado a origem de Roma, onde, segundo se acredita, moravam os gêmeos Rômulo e Remo. Durante o período republicano, foi o local escolhido pelos "patrícios" para edificar suas residências, preferência mantida pelos imperadores. Augusto aí nasceu e morou. Ainda hoje se podem ver as ruínas de parte da casa do imperador, a chamada **Casa de Lívia** (58 a.C.-29 d.C), sua esposa.

Outro palácio conservado é o do imperador Domiciano, que possuía duas alas: uma particular, conhecida por **Domus Augustana**, e outra oficial, a **Domus Flavia**. Sobre as ruínas da casa do imperador Tibério (42 a.C.-37 d.C.), filho de Lívia e adotado pelo padrasto Augusto como seu sucessor, o extravagante cardeal Alessandro Farnese, neto do Papa Paulo III, fez construir um dos primeiros jardins botânicos da Europa, introduzindo na Itália várias plantas até então desconhecidas.

QUARTO DIA

A entrada para visitar o Fórum Romano e o Palatino é pela Via dei Fori Imperiali ou pela Via di San Gregório, 30. A melhor hora para visita é bem cedo, na abertura, às 8h30, ou à tardinha, ou mesmo à noite no verão.

Do outro lado da Via dei Fori Imperiali está o **Fórum de Trajano**, o mais bem conservado de todos e um dos maiores monumentos da Roma imperial. Projetado por Apolodoro de Damaso, era um complexo com templos, livrarias e mercado, construído pelo Senado e pelo povo de Roma para celebrar as vitórias e as conquistas do imperador Trajano (53-117), sob cuja direção o Império atingiu o ápice de sua grandeza e poder. A coluna de Trajano, com 40 m de altura, era o centro do

FÓRUM DE TRAJANO

Fórum, e relata, em relevos que sobem em espiral, cenas de suas vitoriosas campanhas. Essa obra serviu de modelo para Napoleão Bonaparte, que tinha pretensões imperiais, edificar a Coluna Vendôme, em Paris, assim como os arcos romanos dos diversos imperadores serviram de modelo para a edificação dos Arcos do Triunfo e do Carrossel na capital francesa. Ao lado, vê-se uma estátua de Augusto junto às ruínas do Fórum desse imperador, e em seguida a estátua de outro imperador, Nerva, e o que restou de seu Fórum. Para visitas ao **Fórum de Trajano,** a entrada fica na Via IV Novembre, 94.

QUARTO DIA

Símbolo máximo do império

O **Coliseu**, originalmente conhecido como Anfiteatro Flávio, é obra do imperador Vespasiano (9-79), o primeiro da dinastia Flávia. É o maior anfiteatro que se conhece e comportava mais de 50 mil pessoas. Sua construção, uma fantástica obra de engenharia, teve início no ano 70. Foi inaugurado, ainda inacabado, pelo imperador Tito (39-81), filho e sucessor de Vespasiano, sendo totalmente concluído por seu irmão, o imperador Domiciano (51-96). Durante mais de 500 anos, foi palco de espetáculos públicos como luta entre gladiadores e

COLISEU

animais, caçadas e até batalha naval, visto que um dispositivo hidráulico permitia que a arena ficasse cheia de água. Um outro dispositivo, chamado velário, podia ser acionado para proteger os espectadores do sol. Era ricamente revestido com travertino, mas, infelizmente, ao longo dos anos, foi depredado, fornecendo material para outras edificações, principalmente na época do Renascimento. Símbolo máximo do Império Romano, o Coliseu, a partir de 2007, passou a ser oficialmente considerado uma das sete maravilhas do mundo. "Ao vê-lo", relatou Goethe, "todo o resto nos parece pequeno: ele é tão grande que sua imagem não nos cabe dentro da alma".

Bem perto do **Coliseu**, entre as colinas Esquilino e Célio, a **Domus Aurea** é obra da megalomania do imperador Nero, grandiosa e refinada, o que pode ser atestado por suas imponentes ruínas. Era rodeada por parques e jardins, existindo até um lago artificial, grande o bastante para comportar disputas em regatas. Em frente ficava a monumental estátua de Nero, hoje desaparecida, com 35 m de altura, conhecida como **Colosso de Nero**, que deu origem ao nome do **Coliseu**. A casa possuía 300 salas e era usada para festas e recepções. Pinturas ornamentais que cobriam paredes e tetos serviram de modelo para os artistas da Renascença. Alguns, como Rafael e Giulio Romano, deixaram seus nomes gravados nas grotas, o que comprova que ali estiveram. Mármores revestiam o

chão, e um pátio octogonal era coroado por uma cúpula que, a exemplo do Panteão, possuía um *oculus* na sua extremidade superior para permitir a entrada de luz.
A **Domus Aurea** costuma passar longos períodos em obras de restauração, mas encontra-se aberta à visitação desde 2007. Como é grande a curiosidade para vê-la, aconselha-se agendar a visita pelo site *www.ticketeria.it*, ou pelo telefone (39) 06 32810.

Em frente à **Domus Aurea**, pegando a Via Nicola Salvi, virando à direita na Via Terme di Tito e à esquerda na Via Eudosiana, está a **Basilica di San Pietro in Vincoli**, construída no século V pelo papa Sisto III (nascido em data desconhecida e morto em 440) para guardar as correntes com as quais São Pedro ficou amarrado durante sua prisão em Jerusalém e em Roma, as quais se acham expostas debaixo do altar principal.

Foi reconstruída no século VIII e novamente no século XV, durante o papado de Sisto IV, por seu sobrinho Giuliano della Rovere, futuro papa Júlio II. É um dos locais de Roma mais visitados pelos turistas, que aí vão para admirar a escultura de Moisés, obra-prima de Michelangelo, parte do túmulo do Papa Júlio II, que, a exemplo de muitos outros expoentes do clero, desejava também construir o seu mausoléu, grande e esplendoroso o bastante para imortalizá-lo. O artista florentino entusiasmou-se com a ideia e projetou um colossal monumento, com numerosas estátuas simbolizando as artes, a filosofia e a teologia, os estados papais e alguns dos predecessores de Júlio II, com baixos-relevos em bronze representando as suas realizações. Michelangelo chegou a viajar a Carrara para adquirir o mármore e iniciar o trabalho, mas o papa teve de interrompê-lo, uma vez que já havia iniciado a **Basílica de São Pedro**, que consumia enormes recursos. A paralisação irritou profundamente o artista.

Quando faleceu, Júlio II deixou em seu testamento recursos para a construção de um mausoléu não tão grandioso como o inicialmente projetado. O novo papa, Leão X, convocou novamente Michelangelo, que, com seus discípulos, no período de três anos, terminou o monumento que hoje se vê na **Basilica di San Pietro in Vincoli**: um Moisés sentado, com barba e chifres, com as tábuas da lei debaixo do braço, rodeado por Lia, representando a vida contemplativa, e por Raquel, a vida ativa. Acima de Moisés, uma Madonna, e, aos pés dela, a efígie reclinada de Júlio II.

Termas luxuosas

Voltemos agora à Via dei Fori Imperiali, sigamos à esquerda e depois à direita, atravessando o **Arco di Costantino**, para chegar à Via di San Gregorio, com o **Monte Palatino** à direita e o **Monte Célio** à esquerda. Esse trajeto pode ser feito a pé ou pelos ônibus 60, 75, 175 e 271. No **Monte Célio**, vamos encontrar algumas antigas igrejas, como a **San Gregorio Magno**, do século VIII, dedicada a um dos grandes papas do cristianismo, que governou a igreja de 590 a 604, construída no mesmo local da residência da família do papa. A igreja é precedida por uma imponente escadaria. Sua fachada, reformada no século XVII, adquiriu um belo aspecto barroco, e seu interior, reformado no século seguinte, preserva alguns túmulos da igreja primitiva. Junto à igreja, três capelas, dedicadas a Santo André, Santa Sílvia (mãe de Gregório) e Santa Bárbara, contêm importantes afrescos de Domenichino e Guido Reni.

Santi Giovanni e Paolo é do fim do século IV e é dedicada a dois soldados romanos convertidos ao cristianismo, que serviram ao imperador Constantino e foram martirizados nesse local, onde moravam à época do imperador pagão Giuliano (331-363), que tentou, sem sucesso, restabelecer a antiga religião romana no império. Seu interior, reformado no início do século XVIII e ricamente iluminado por candelabros, conserva a urna com os restos mortais dos dois mártires. A praça homônima, em frente, é uma das mais pitorescas da cidade, circundada por construções medievais e ruínas. Na sua extremidade superior, um arco dá acesso à **Villa Celimontana**, antiga propriedade da família Mattei, hoje transformada em um belo parque público, com uma frondosa alameda de carvalhos. Segundo o escritor Henry Bordeaux (1870-1963), membro da Academia Francesa de Letras, "nenhum lugar melhor que aqui para reler Goethe e Chateaubriand e respirar o charme de Roma". Vamos atravessá-lo e sair do outro lado pela porta da Via della Navicella.

Logo à esquerda, fica a igreja **Santa Maria in Domnica**, do século IX, remodelada durante o papado de Leão X, no início do século XVI, por Andréa Sansovino (1467-1529), responsável por sua interessante fachada em pórticos e pelo teto abobadado. Atrás do altar principal, no alto, um mosaico de grande valor artístico, da época da construção da igreja, representa a virgem e o menino sendo introduzidos no paraíso. Em frente à igreja, uma singela fonte em forma de um pequeno barco (*navicella*).

Praticamente em frente à Santa Maria in Domnica, do outro lado da Via della Navicella, com entrada pela Via Santo Stefano, a igreja **Santo Stefano Rotondo**, do século V, possui um formato circular semelhante à do Santo Sepulcro, em Jerusalém, na qual foi inspirada. Seu interior, inicialmente concebido para ser formado por três naves circulares e concêntricas, separadas por um anel de colunas jônicas, foi bastante modificado ao longo do tempo, em parte por motivo de segurança, o que acabou por reduzir o tamanho da igreja, com a eliminação da última nave, desfigurando seu original efeito visual.

Seguindo a Via della Navicella até a Piazza di Porta Metronia e virando à direita na Via Druso até a Piazzale Numa Pompilio, vamos encontrar as **Termas de Caracala**, outra das monumentais obras imperiais.

Os grandes banhos públicos, de origem grega, tinham dois componentes principais: as *termae*, estabelecimentos para banhos, e as *palaestrae*, que eram locais para exercícios. Os romanos os transformaram em um grande centro de convivência, verdadeiros clubes, adicionando aos dois componentes principais livrarias, salas de leitura, galerias de arte, lojas e jardins. As **Termas de Caracala** comportavam originalmente 1.500 pessoas. Sua construção foi iniciada pelo imperador Settimio Severo no ano 206, mas só foi concluída por seu filho e sucessor, que dá nome ao complexo. Além de monumental, era obra de grande luxo. No decorrer dos anos, teve seus mármores e mosaicos saqueados para serem utilizados na decoração de outros palácios romanos. Atualmente, nos meses de verão, é palco de grandes espetáculos de ópera e concertos. Um dos mais famosos foi o dos chamados Três Tenores (Plácido Domingo, José Carreras e Luciano Pavarotti) no encerramento da Copa do Mundo de 1990.

Nas proximidades, isolada e cercada de ciprestes, está a **Basílica de Santa Balbina,** com seu campanário medieval, que abriga em seu interior um dos mais notáveis túmulos de Roma, o do Cardinal Surdi, do século XIII, que foi transferido da **Basílica de São Pedro.**

Palco grandioso

A Via delle Terme de Caracalla nos leva à **Piazza di Porta Capena,** numa das extremidades do **Circo Massimo,** o maior centro de diversão da Roma Antiga, capaz de acomodar o impressionante número de 250.000 espectadores. Situado numa planície entre os montes Palatino e Aventino, data do século IV a.C. Era palco das famosas corridas de biga, que eram carros puxados por cavalos, uma paixão dos romanos da Antiguidade. Tais espetáculos chegavam a durar 15 dias, com eventos ininterruptos nas 24 horas do dia, alternando as corridas de cavalos com competições esportivas e lutas entre animais ferozes.

TERMAS DE CARACALA

A Via dei Cerchi margeia toda a extensão do **Circo Massimo** até a **Basílica de Santa Maria in Cosmedien** (o ônibus 628 percorre esse trajeto). A obra é do século VI, e o campanário e o pórtico frontal foram acrescentados no século XII. Era frequentada pela comunidade grega da cidade, e em seu interior são obras dignas de destaque o pavimento em mosaicos, o coro e o trono episcopal. Sob o pórtico, vê-se a **Bocca della Verità** (Boca da Verdade), representação de um grande rosto com a boca aberta, curiosidade das mais atrativas de Roma. Diz a lenda que a enorme boca se fecha e corta a mão da pessoa que a introduziu, caso ela tenha falado alguma mentira.

Em frente à basílica, dois templos do antigo **Fórum Boário**: um arredondado, o **Templo de Hércules**, e o outro, em forma retangular, o **Templo de Portunus**, deus romano protetor do porto e de seus trabalhadores. São os mais bem-conservados entre os templos da Roma republicana. Na mesma praça, a **Piazza della Bocca della Verità**, está o **Arco de Jano**, do século IV a.C., que servia de entrada para o **Fórum Boário**.

QUARTO DIA

O ônibus 94, que para na **Piazza della Bocca della Verità**, passa em frente à **Basílica de Santa Sabina**, próxima etapa de nosso roteiro. Para os mais dispostos, uma breve, embora íngreme, caminhada leva ao mesmo destino, atravessando a Via della Greca, ao lado da Basílica, seguindo pela Via di Santa Maria in Cosmedin e virando à esquerda no **Clivo di Rocca Savella**, um caminho que sobe por patamares e degraus até o **Parco Savello**, no alto do **Monte Aventino**, um acolhedor jardim público, de onde se descortina uma bela vista de Roma. Ao lado, a Basílica de Santa Sabina, uma das mais interessantes entre as igrejas protocristãs romanas, assim chamadas as igrejas primitivas dos primeiros séculos do cristianismo, geralmente ocupando o espaço de alguma antiga basílica romana ou outro local qualquer de culto.

Geralmente esquecidas pela maioria dos turistas, mais preocupados em conhecer os grandes monumentos e o elegante comércio das proximidades da **Piazza di Spagna**, as igrejas protocristãs são um dos encantos de Roma. **Santa Sabina** é do século V, com um exterior de austera simplicidade. Já o interior é majestoso, com sua ampla nave separada das laterais por 24 antigas colunas coríntias e iluminada por uma série de janelas colocadas no alto das paredes laterais no século IX. Embora as duas capelas laterais tenham sido adicionadas no século XVII, de uma maneira geral, a basílica conserva sua concepção original. Está construída no local onde era a residência de uma rica senhora romana, chamada Sabina, convertida ao cristianismo e martirizada na época do imperador Adriano, no século II.

Ao sair da basílica e pegando à direita a Via di Santa Sabina, vamos passar em frente à **Basilica dei Santi Alessio e Bonifacio**, do século V, bastante modificada ao longo do tempo e com um belo campanário do século XVII. Logo em seguida, está a Piazza dei Cavalieri di Malta, projetada pelo famoso gravurista e arquiteto Giovanni Battista Piranesi (1720-1778). Murada e cercada por altos ciprestes, é decorada com obeliscos e troféus militares. Um detalhe interessante: pelo buraco da fechadura da porta de entrada do **Mosteiro da Ordem dos Cavaleiros de Malta**, pode-se admirar uma miniatura da **Basílica de São Pedro**, emoldurada por uma avenida de árvores. Um pouco adiante, na Via Marmorata, vamos encontrar uma série de bares para degustar um aperitivo no final desse roteiro.

Onde comprar

A região não é, definitivamente, uma área comercial. O que se encontra aí é uma infinidade de barraquinhas vendendo suvenires relacionados aos monumentos locais. No Monte Aventino, na **Piazza Testaccio**, de segunda a sábado, na parte da manhã, funciona um interessante mercado de carnes, peixes, frutas, legumes, além de algumas barracas de roupas e calçados.

Onde comer

A parte do Monte Aventino conhecida como **Testaccio** é uma região boêmia com grande número de bares, restaurantes e discotecas. Na **Via di Monte Testaccio**, os amantes da noite podem escolher entre um samba na **Caffè Latino** ou um rock no **Radio Londra**. No **Joia da Via Galvani**, 20, pode-se jantar no terraço separado do salão de dança. Na **Via Marmorata**, 47, fica uma famosa casa de frios, a **Volpetti**, com uma enorme variedade de queijos, presuntos e pães.

Entre os restaurantes, um dos mais tradicionais, considerado um dos símbolos da gastronomia romana, é o **Checchino dal 1887**, situado na **Via di Monte Testaccio**, 39. Fica fechado aos domingos e às segundas-feiras. Tel.: (39) 06 574 6318.

Perilli a Testaccio, na **Via Marmorata**, 39, é uma típica tratoria romana, sempre cheia e barulhenta, com um serviço atencioso e boas e fartas pastas. Fica fechado às quartas-feiras. Tel.: (39) 06 574 2415.

Trattoria San Trovaso, na **Via dei Fienili**, esquina da **Via di San Trovaso**, perto da **Piazza del Campidoglio**, oferece tradicional cozinha romana numa tranquila região, na parte mais antiga da cidade. Fecha aos domingos. Tel.: (39) 06 678 0933.

Digam pedras para mim, oh!
Falam teus altos palácios!
Ruas, digam uma palavra!
Gênio, não vais acordar?
Sim, está tudo sublime em teus
santos muros, eterna Roma...
Um mundo na verdade é Você, oh!
Roma; apesar de sem o amor,
o mundo não seria o mundo
e Roma não seria Roma.

Johann W. Goethe (1749-1832),
escritor e pensador alemão

quinto dia
ROMA BARROCA
5

VENETO, SANTA MARIA MAGGIORE E FONTANA DI TREVI

*Um passeio nostálgico pela outrora excitante **Via Veneto** é também a oportunidade de se deixar envolver pela presença marcante de Gianlorenzo Bernini, um dos gênios do barroco, em fontes, palácios e igrejas. O roteiro prossegue pelas colinas do Esquilino e do Veminale com suas igrejas protocristãs e a fantástica **Basilica di Santa Maria Maggiore**. Em seguida, o Quirinale, com seu palácio presidencial, e o Monti, onde o cenário medieval convive em harmonia com modernas butiques e enotecas. Por fim, a passagem obrigatória por um dos mais fotografados cartões postais de Roma, a **Fontana di Trevi**, com sua multidão de turistas. Jogar moedinhas em suas águas garante, segundo a lenda, o retorno à Cidade Eterna.*

A **Porta Pinciana** é uma das portas de acesso à cidade no muro de proteção contra as invasões bárbaras, construído pelo imperador Aureliano (214-275). É onde começa a **Via Veneto**, aberta por ocasião da reforma urbana de Roma de fins do século XIX, no local da antiga **Villa Ludovisi**, construída pelo cardeal Ludovico Ludovisi no início do século XVI, com projeto de Domenichino. Seus espaçosos jardins ornamentados com ricas esculturas foram classificados pelo escritor francês Stendhal, que a visitou no início do século XIX, entre os mais bonitos do mundo. No final do século XIX, a vila foi vendida para uma empresa imobiliária, que, apesar de protestos de intelectuais e artistas, a repartiu em lotes, dando origem ao bairro atual, uma das mais privilegiadas áreas residenciais de Roma. O que restou da antiga vila foi o chamado **Casino dell'Aurora**, majestosa residência cercada por altos muros, no número 46 da Via Lombardia, propriedade particular da família Bomcampagni Ludovisi. A **Via Veneto** tornou-se famosa por abrigar os grandes hotéis e cafés frequentados pela sociedade romana e por turistas, conhecendo o auge de seu prestígio nas décadas de 1950 e 1960, quando serviu de cenário para o filme *A doce vida* de Federico Fellini (1920-1993), de enorme sucesso.

VIA VENETO

Descendo a Via Veneto na esquina da Via Bissolati, à esquerda, vê-se o belo **Palazzo Margherita**, de fins do século XIX, construído para a família Ludovisi e hoje sede da Embaixada dos Estados Unidos. No número 27, encontra-se a igreja dos capuchinhos, a **Santa Maria della Concezione**, com um cemitério em sua cripta, uma das curiosidades de Roma. Durante quase quatro séculos, mais de quatro mil capuchinhos foram aí enterrados. Quando o

FONTANA DELLE API

pequeno cemitério ficava cheio, os restos mortais eram desenterrados para dar espaço aos sucessores, e os ossos retirados passavam a decorar as paredes, dando origem a uma macabra decoração barroca. Alguns nichos contêm esqueletos inteiros vestidos com roupas de frade.

A igreja foi construída no início do século XVII, durante o papado de Urbano VIII, membro de uma das mais poderosas famílias romanas, a Barberini, cujo irmão, Antônio, era um frade capuchinho. Possui uma nave com capelas laterais. Na primeira capela à direita, uma vigorosa pintura de Guido Reni retrata o arcanjo São Miguel derrotando o demônio. Uma maliciosa lenda diz que a face do demônio seria um retrato do papa Inocêncio X, da família Pamphili, tradicional rival da família Barberini. Na terceira capela, há um São Francisco de Domenichino, e na primeira capela da esquerda, um São Paulo de Pietro da Cortona.

Esplendor barroco

Um pouco abaixo, na calçada da Via Veneto, passa quase despercebida uma interessante fonte, a **Fontana delle Api**, obra de Bernini, que representa abelhas sorvendo a água que escoa para um vaso. As abelhas faziam parte do brasão da família Barberini. Notamos nessa área a presença de várias obras de Bernini, que foi o artista protegido do papa Barberini, Urbano VIII, como Michelangelo havia sido do papa Rovere, Júlio II, e Rafael, do Medici, Leão X.

A Via Veneto termina na **Piazza Barberini,** em cujo centro se encontra outra fonte de Bernini, encomendada pelo mesmo papa, a **Fontana del Tritone**. Representa o personagem da mitologia grega Tritão, meio homem e meio peixe, soprando uma coluna de água e ajoelhado sobre uma concha sustentada pelas caudas de quatro golfinhos com as cabeças viradas para baixo.

No final da praça, à esquerda, sobe a Via delle Quattro Fontane, e, logo no início, no número 13, surge o majestoso **Palazzo Barberini,** símbolo do esplendor da vida romana na época barroca. Logo após se tornar papa, o cardeal Matteo Barberini iniciou a construção do palácio com projeto do velho arquiteto Carlo Maderno, auxiliado por seu sobrinho Francesco Borromini, que se tornaria famoso. Com a morte de Maderno, Bernini assumiu e terminou a obra. O palácio permaneceu como propriedade da família Barberini até 1949, quando foi vendido ao estado italiano e passou a abrigar a **Galleria Nazionale d'Arte Antica,** mais comumente conhecida como **Galleria Barberini,** pelo fato de boa parte das pinturas expostas terem pertencido à coleção da família. É o caso, por exemplo, da mais famosa das obras, *La fornarina*, de Rafaello, aí exposta desde a inauguração do palácio. O acesso à galeria no primeiro andar se dá por uma imponente escadaria, obra de Bernini, que conduz a um grande *hall* com o teto decorado com a magnífica pintura de Cortona, *O triunfo da Divina Providência*.

Entre as telas expostas, destaque para *A Madona e o menino* e *A anunciação*, de Filippo Lippi (1406-1469); *Cristo e a mulher pega em adultério*, de Tintoretto; *Judite cortando a cabeça de Holofernes* e *Narciso*, de Caravaggio; *Adoração dos pastores* e *Batismo de Cristo*, de El Greco (1541-1614) e *Vênus e Adonis*, de Ticiano.

Continuando a subir a **Via delle Quattro Fontane** até o cruzamento com a Via XX Settembre, à esquerda, e a Via del Quirinale, à direita, vamos encontrar as quatro fontes que dão o nome à rua, dispostas em cada canto do cruzamento. São do final do século XVI, época do papa urbanista Sisto V. Cada uma possui uma estátua que representa uma divindade: Juno, deus da força, Diana, deusa da castidade, e duas de deuses protetores dos rios Tibre e Nilo. No mesmo cruzamento, fica a singela e pequena igreja **San Carlo Alle Quattro Fontane**, também conhecida como **San Carlino**, obra de Borromini, por encomenda de um cardeal da família Barberini. A igreja tem forma elíptica e foi o primeiro trabalho independente de Borromini, em que já se pode notar a originalidade de sua arquitetura, prenúncio do estilo barroco.

Caminhando pela Via XX Settembre, à esquerda, na **Piazza San Bernardo**, está a igreja **Santa Susanna**, obra de Carlo Maderno. Com uma fachada barroca, é a igreja da comunidade americana católica de Roma. E um pouco à frente, a igreja **Santa Maria della Vitoria**, também de Carlo Maderno, com um dos interiores mais ricos de

Roma. Abriga uma das principais esculturas de Bernini, *O êxtase de Santa Tereza*.

Ainda na **Piazza San Bernardo**, pode-se admirar uma monumental fonte, a **Fontana dell'Aqua Felice**, projeto de Domenico Fontana, onde desemboca o aqueduto construído à época do papa Sisto V para abastecer de água essa parte da cidade. Possui três harmoniosos arcos, sendo o do centro ocupado por uma colossal estátua de Moisés. Os quatro leões da fonte são cópias dos originais egípcios que estão nos museus do Vaticano.

Antigas termas

Seguindo a Via Vittorio Emanuelle Orlando, chegamos a uma das principais praças da cidade, a **Piazza della Repubblica**, outra obra da reforma urbanística do século XIX, que ocupa parte das antigas **Termas de Diocleciano**, as maiores da Roma Antiga, com capacidade para receber até três mil pessoas. No centro da praça, fica a **Fontana delle Naiadi**, com o deus do mar, Glauco, ao centro, rodeado por quatro ninfas nuas em posições sensuais, o que causou grande escândalo na época de sua inauguração, no início do século XX.

Junto à praça, a basílica **Santa Maria degli Angeli e dei Martiri**, obra do gênio de Michelangelo, por delegação do papa Pio IV (1499–1565). Respeitando as ruínas clássicas das termas, Michelangelo utilizou o vasto *tepidarium*, que era o ambiente de passagem do banho frio para o banho quente, como nave da basílica. Enormes colunas de granito egípcio rosa, com 15 m de altura e 2 m de diâmetro, suportam a estrutura. Entre os afrescos que decoram a basílica, sobressai o *Martírio de São Sebastião*, de Domenichino.

Na Via Giuseppe Romita, o **Museu Nacional Romano**, destinado a abrigar as antiguidades romanas do século V a.C. ao século III d.C, além da riquíssima coleção da família Ludovisi. Inicialmente, todo o museu estava concentrado nesse local, mas hoje boa parte da coleção

FONTANA DELLE NAIADI

Segredos de um viajante – Guia de Roma

BASILICA SANTA MARIA DEGLI ANGELI

está espalhada por outros espaços, principalmente no **Palazzo Altemps** e no vizinho **Palazzo Massimo**. O claustro, projetado por Michelangelo, com suas 100 colunas, exibe numerosos trabalhos em mármore que eram executados na Roma Antiga. Essa parte do museu exibe, ainda, sarcófagos, inscrições, epígrafes, mosaicos e afrescos. Uma rica coleção de esculturas que ornavam os vários banhos romanos pode ser vista em outra seção perfeitamente preservada das termas, a chamada Aula Ottogona. Entre elas, duas, em bronze, são consideradas verdadeiras obras-primas: a conhecida como *Príncipe helênico*, do século II a.C., fica no centro do edifício; e a que retrata um boxeador extenuado após uma disputa, provavelmente um vencedor dos Jogos Olímpicos do ano 200 a.C., realizados na Grécia.

O **Palazzo Massimo**, no vizinho Largo di Villa Peretti, concentra hoje a maior parte do acervo do **Museu Nacional Romano**. O palácio é do século XIX, com um pátio interno rodeado por pórticos que dão acesso às várias salas que exibem o rico acervo. No andar térreo, há uma série de esculturas antigas, destacando-se uma grande estátua de Minerva, uma de Augusto como Pontífice Máximo e uma das mais famosas estátuas da coleção, conhecida como a *Niobid ferida*. No primeiro andar, estão expostas esculturas que embelezavam as residências imperiais e as dos nobres romanos, como a *Fanciulla di Anzio*, do palácio de Nero em Anzio, uma belíssima estátua original grega do século III a.C., e inúmeras peças provenientes da **Villa Adriana**, um conjunto monumental de edifícios construídos no século II, na cidade de Tivoli, nas proximidades de Roma, pelo imperador Adriano. No último andar, estão afrescos também retirados das suntuosas residências da Roma imperial, como os que adornavam o quarto da imperatriz Lívia e os de uma *villa* à beira do Tibre onde César instalou Cleópatra, rainha do Egito e sua amante, toda decorada em estilo egípcio.

A **Piazza del Cinquecento**, onde também está a maior estação férrea de Roma, a **Stazioni Termini**, é o principal terminal de ônibus urbanos da cidade. Desçamos pela Via Cavour até a **Piazza del Esquilino**, designação da maior e mais alta das colinas romanas. Erguido no centro da praça à época de Sisto V, está um dos dois antigos obeliscos retirados do **Augusteum**, e, no fundo, a monumental **Basílica di Santa Maria Maggiore**, com entrada principal pela **Piazza di Santa Maria Maggiore**, construída no século V pelo papa Sisto III (390-440) no local onde existiu um antigo templo pagão dedicado à deusa Cibele. Considerada a mais bela igreja de Roma depois da Basílica de São Pedro, foi restaurada e ampliada nos séculos XII, XIII, XVII e XVIII.

A fachada é do século XVIII, trabalho de Ferdinando Fuga (1699-1781), e o interior, com as 40 colunas iônicas dispostas de forma harmoniosa, conserva seu estilo clássico original, não desfigurado por duas obras posteriores: o grandioso teto renascentista, do século XVII, em madeira entalhada, dourado com as primeiras remessas de ouro vindas do Novo Mundo, oferta dos reis católicos da Espanha; e o magnífico piso em mármore no estilo cosmatesco, característico de Roma, composto de desenhos abstratos de mosaicos ornamentais incrustados no pavimento de mármore. Ao longo das paredes, uma série de mosaicos, alguns da época da construção da basílica, retratam cenas do Antigo Testamento. Os mosaicos na parte superior do arco triunfal existente no fim da nave central mostram cenas da infância de Jesus. O grande papa Sisto V tem sua tumba na Cappella Sistina, obra de Domenico Fontana, ornada com afrescos sobre eventos de seu papado. A Cappella Paulina, ricamente decorada, abriga o túmulo do papa Paulo V. Ao lado da basílica, o mais alto campanário de Roma, do século XIV.

No centro da **Piazza di Santa Maria Maggiore** eleva-se uma grande coluna de mármore, trazida da **Basílica de Constantino e Magêncio**, do Fórum Romano; uma imagem em bronze da Virgem e o Menino foi posteriormente colocada no seu topo. Bem perto da praça, na Via Santa Prassede, fica a basílica do século IX, não tão antiga para os padrões romanos, mas com uma atmosfera de simplicidade e fé características dos primeiros tempos do cristianismo. É revestida de mosaicos brilhantes, trabalho de artistas bizantinos. O maior tesouro artístico da basílica é a **Cappella di San Zenone**, cujos mosaicos formam um semicírculo conhecido como Giardino del

Paradiso, onde estão reunidos Cristo e os Apóstolos, a Virgem e o Menino, Santa Praxedes e sua irmã Santa Pudenciana, e outros santos. Essa capela é o mausoléu de Teodora, mãe do papa Pascoal I (775-824), responsável pela edificação da basílica.

Joias da cidade

Voltemos agora à **Piazza dell'Esquilino**, de onde parte a Via Agostino Depretis; no cruzamento desta com a Via Urbana, dobremos à esquerda, e um pouco à frente, à direita, abaixo do nível da rua, vamos encontrar uma outra joia protocristã, a **Basilica di Santa Pudenziana**, do século IV, erguida em um local onde existia um antigo banho romano. É uma das mais antigas igrejas de Roma e conserva os magníficos mosaicos do final do século IV. No século VIII, foi restaurada pelo papa Adriano I (nascido em data desconhecida e morto em 795), e detalhes de sua fachada dessa época estão preservados nas antigas colunas e no friso escultural, que mostra Santa Praxedes e Santa Pudenciana vestidas como imperatrizes bizantinas. O corpo da igreja tal qual é visto hoje é resultado de outra restauração de século XVI. Infelizmente, essa intervenção provocou uma redução nos contornos dos mosaicos, mas eles permanecem sendo a glória da igreja, com sua luminosidade e suas cores, retratando Cristo com São Pedro e São Paulo, coroados pelas duas santas, e demais apóstolos (nota-se a ausência de alguns, cujas figuras foram perdidas durante a restauração).

QUINTO DIA

Voltando à esquina da Via Agostino Depretis, logo à frente, à direita, na Via del Viminale, está o **Teatro da Ópera**, com seus 1.600 lugares, que, de outubro a maio, tem sua temporada de óperas e *ballet*. Continuando, vamos seguir até a Via delle Quattro Fontane e dobrar à esquerda na Via del Quirinale para encontrar, um pouco adiante, a igreja **Sant'Andrea Al Quirinale**, obra de Bernini. Considerada a "pérola do barroco", tem um original formato oval, com o eixo maior voltado para os lados, solução encontrada por Bernini para a ocupação de um terreno largo e de pouca profundidade. O interior é revestido de mármore rosado, e uma monumental cúpula confere à igreja um notável senso de grandeza, embora seja pequena em tamanho. Atrás da igreja, na Via Milano com Nazionale, está o **Palazzo delle Exposizioni**, reformado e aberto em 2007 com 10 mil m² de espaço para eventos culturais diversos.

A Via del Quirinale termina na **Piazza del Quirinale**, outro importante marco da cidade e de onde se descortina uma fantástica vista de Roma, com a cúpula de **São Pedro** ao fundo. No centro da praça, ergue-se o outro obelisco retirado do túmulo de Augusto, ladeado pela monumentais estátuas de Castor e Pólux, deuses da equitação, e seus enormes cavalos empinados. São cópias romanas de estátuas originais gregas que adornavam as **Termas de Constantino**, situadas nas vizinhanças.
No início do século XIX, o papa Pio VII (1742-1823)

adicionou ao conjunto a **Fontana dei Dioscuri**, projeto do arquiteto Raffaelle Stern (1774-1820).

O **Palazzo del Quirinale**, do final do século XVI, foi construído para servir de residência de verão aos papas, mas acabou por se transformar em residência definitiva, devido às insalubres condições da região do Vaticano à época. Assim permaneceu até 1870, ano da reunificação da Itália, quando passou a abrigar os seus reis, sendo hoje a residência de seus presidentes. Grandes arquitetos trabalharam no palácio: Flaminio Ponzio (1560-1613), Domenico Fontana, Carlo Maderno, Bernini e Ferdinando Fuga. Quando os papas habitavam o palácio, os conclaves para a sua eleição eram realizados na também chamada Cappella Sistina, obra de Maderno no mesmo formato e nas mesmas dimensões da do Vaticano. A **Cappella dell'Anunciata** possui belos afrescos de Guido Reni. Belíssimo, o **Salão dos Espelhos** é um dos destaques, com seus ricos candelabros de vidro de Murano. A visita ao palácio e aos seus jardins só é permitida aos domingos pela manhã.

Fontana di Trevi

Saindo da Piazza del Quirinale pela Salita di Monte Cavallo, à direita, descendo pela Via della Dataria à esquerda e pela Via San Vincenzo à direita, nos deparamos com a maior e mais famosa das fontes romanas: a **Fontana di Trevi**. O local da fonte é o terminal da Acqua

QUINTO DIA

FONTANA DI TREVI

Vergine, um dos antigos aquedutos que abasteciam Roma, construído na época do imperador Augusto, no final do século I a.C., pelo cônsul Marco Agripa. Era considerado o de água mais pura, motivo pelo qual era o mais procurado por moradores e visitantes da cidade, nascendo daí a lenda de que quem bebesse de suas águas voltaria a Roma, lenda que, com o correr do tempo, se transformou na crença atual de que quem jogar uma moeda na fonte um dia retornará à Cidade Eterna.
A fonte atual é do século XVIII, obra de Nicola Salvi (1697-1751), selecionado pelo papa Clemente XII (1652-1740) entre os muitos famosos arquitetos da época. Salvi transformou toda a parede de um palácio em uma grande fantasia barroca, dominada pelo deus Netuno representado em um carro em forma de concha, puxado por dois cavalos marinhos e ladeado por duas virgens romanas, Agrippa e Trivia. A **Fontana di Trevi** é um dos cartões postais de Roma e tem servido de cenário para filmes famosos, como a *A fonte dos desejos* e *A doce vida*.

Palácios particulares

Sigamos agora a Via della Muratte, que começa na Piazza di Trevi, e dobremos à esquerda na Via di Santa Maria in Via, que continua com o nome de Via di San Marcello, até a **Piazza dei Santi Apostoli**, uma pitoresca praça retangular alongada, tendo em seu lado direito a **Basílica dos Doze Santos Apóstolos** e o **Palazzo Odescalchi** e à esquerda o **Palazzo Colonna**. Datada do século VI, a Basílica dos Santos Apóstolos foi praticamente destruída para ser reconstruída no início do século XVIII por Carlo Maderno, no estilo barroco dominante do período. Nova intervenção na fachada foi feita no século XIX por Valadier, dessa vez no estilo neoclássico. Em seu interior, foram conservados os túmulos renascentistas dos cardeais Della Rovere e Riario. O maior monumento da basílica, obra de Antonio Canova, é o mausoléu do papa Clemente XIV (1705-1774). Entre as relíquias da antiga basílica, foram preservadas as oito colunas em espiral da **Cappella del Crocifisso**.

PIAZZA DELLA PILOTTA

O **Palazzo Colonna** teve sua construção iniciada no século XIII e só foi totalmente concluído no século XVIII; é obra de vários renomados arquitetos, como Girolamo Rainaldi (1570-1655) e Girolamo Fontana (1668-1701). Serviu de residência ao papa Martinho V (1368-1431), membro da família Colonna, quando ainda era cardeal. Permanece como propriedade e residência particular dos descendentes dos primitivos donos, sendo permitido o acesso somente aos sábados pela manhã à **Galeria**, que abriga rica coleção de arte da família. A entrada está localizada na parte de trás, no número 17 da Via della Pilotta. Logo no grande *hall* de entrada, podem-se admirar trabalhos de grande valor artístico, como as esculturas de Agnolo Bronzino (1503-1572) e de Domenico Ghirlandaio (1449-1494), além de um retrato da poetisa Vittoria Colonna, destacada figura da família e amiga de Michelangelo. Monumental é a Sala Grande, com seus 400 m² e um altíssimo pé direito, adornada com importantes afrescos, o do teto relatando episódios da vida de Marcantonio Colonna, herói da batalha de Lepanto. Na Sala dell'Apoteosi di Martinho V, alguns retratos atribuídos a Veronese e a Tintoretto e a mais conhecida pintura da coleção, *Il mangiafagioli* (literalmente, "aquele que come feijão"), de Annibale Carraci (1560-1609).

O **Palazzo Odescalchi** é outro que permanece como propriedade particular da família e ao qual não se tem acesso. O máximo que se consegue, com dificuldade, é dar uma olhada em seu belo pátio interno. É obra de

Bernini, mas acréscimos posteriormente feitos nas duas laterais desfiguraram suas proporções iniciais.

Ao lado do **Palazzo Odescalchi**, a Via dei Santi Apostoli segue em direção ao Corso. Logo à direita, aparece a igreja de **San Marcello al Corso**, uma das mais antigas de Roma, datada do século IV, tendo sido reconstruída diversas vezes até se transformar numa das mais belas obras barrocas de Roma. A atual fachada côncava é do século XVII, trabalho de Carlo Fontana (1634-1714). No interior, uma nave com um lindo teto dourado é rodeada de capelas ricamente decoradas, destacando-se um túmulo duplo, obra de Jacopo Sansovino (1486-1570). Nessa igreja, pode ser admirado um dos mais belos presépios que proliferam pela cidade na época do Natal. Um pouco adiante, em frente à **Piazza Colonna**, a **Galleria Alberti Sordi** é o lugar indicado para um café ou um aperitivo de fim de tarde.

Onde comprar

As vias **Tritone** e **Barberini**, que partem da **Piazza Barberini**, possuem intenso e variado comércio. Partindo da **Piazza della Repubblica**, a **Via Nazionale** é uma das principais vias comerciais da cidade, com um enfoque mais popular. Mais elegante é a zona do início da **Via Veneto** e suas vias transversais. Bastante movimentado é o comércio das proximidades da **Fontana di Trevi**, principalmente na **Via della Muratte**.

Na região conhecida como Monti, nas **Via dei Serpenti**, **Via del Boschetto** e **Via Urbana**, podem ser encontrados alguns *outlets*, lojas de decoração e de produtos *vintage*.

Onde comer

Na já citada região conhecida como Monti, vamos encontrar uma série de enotecas e cafés, como o **Al Vino**, na Via dei Serpenti; o **Tre Scalini**, na Via Palisperna; e o **Urbana 47**, na Via Urbana. No início da Via Veneto, dois memoráveis estabelecimentos da época da *dolce vita*: **Café de Paris** e **Harry'Bar**.

Alguns restaurantes:

Il Girarrosto Toscano, na Via Canpania, 29, em frente à Villa Borghese. É famoso por seu abundante antepasto, mas é preciso controlar-se para bem aproveitar a especialidade da casa, o Steak alla Fiorentina. Funciona todos os dias da semana. Tel.: (39) 06 482 1899.

Il Piccolo Mondo, na Via Aurora, 39, perto da Via Veneto, é um ambiente acolhedor, com suas paredes cobertas de retratos de conhecidos frequentadores da época da *dolce vita*. Fecha aos domingos. Tel.: (39) 06 4201 6034.

Taverna Flavia, na Via Flavia, 9, é um histórico restaurante romano, preferido de artistas de cinema e do *show business*. (Liz Taylor foi uma assídua cliente e é até hoje homenageada com a salada Elizabetta.) A galeria de retratos dos frequentadores ilustres é uma atração à parte. O velho proprietário, Mino, continua recebendo calorosamente a clientela. Fecha aos domingos e aos sábados para almoço. Tel.: (39) 06 474 5214.

Agata e Romeo, na Via Carlo Alberto, 45, perto da igreja **Santa Maria Maggiore**. Refinado e de muito prestígio. Agata é a chefe de cozinha; seu marido, Romeo, o atendente e somelier, e a filha, a auxiliar do pai no atendimento. Fecha aos sábados e aos domingos. Tel.: (39) 06 446 6115.

Al Moro, Vicolo delle Bollette, 13. Nas proximidades da **Fontana di Trevi**, é outra tradição romana, desde 1929. Sempre lotado e barulhento, com mesas muito próximas, ambiente típico de uma *trattoria*. Fecha aos domingos. Tel.: (39) 06 678 3495.

Trattoria Monti, pequeno restaurante familiar com cozinha especializada em pratos típicos da região de Marche. Sempre lotado, aconselha-se reservar com antecedência. Fica na Via San Vito, 13A, perto de Santa Maria Maggiore. Fecha às segundas e aos domingos para o jantar. Tel.: (39) 06 446 6573.

Inesquecível Roma. Quando fico um só dia sem ver seu horizonte, um desgosto se apossa de minha alma e me faz abrir meu coração.

André Suarez, poeta e crítico literário francês

sexto dia
O OUTRO LADO DO RIO TIBRE: TRASTEVERE E GIANICOLO

6

SANTA MARIA, VILLA FARNESINA E TEMPIETTO

*Trastevere é o mais tradicional e autêntico dos bairros de Roma, conhecido também pela agitada vida boêmia. Já o vizinho Gianicolo, no topo de uma colina, abriga uma tranquila área residencial com estupendas vistas da cidade. No roteiro, a mais antiga igreja de Roma, **Santa Maria in Trastevere**, adornada com alguns dos mais belos e antigos mosaicos romanos; uma obra-prima do Renascimento, a **Villa Farnesina**, onde o genial Rafael deixou um rico legado; e o **Tempietto del Bramante**, considerado uma das mais originais e harmoniosas obras arquitetônicas do mundo.*

Trastevere, que significa "além do Tibre (Tevere)", é um bairro de Roma, separado do Centro Histórico pelo rio, que não foi afetado pelas grandes intervenções urbanísticas do século XIX. Por isso, conserva seu aspecto medieval, com um labirinto de ruas estreitas e irregulares, com varais de roupas dependuradas, uma vizinhança ruidosa e o ambiente tipicamente italiano das cantinas e tratorias.

Os habitantes do **Trastevere**, conhecidos por *trasteverini*, consideram-se os guardiões das antigas tradições romanas, com uma identidade cultural própria, mantida graças ao seu histórico isolamento. Em tempos bem antigos, à época em que Roma era governada por reis, da data da sua fundação, ao início de século VI a.C., a região era habitada pelos etruscos, inimigos dos romanos, que acabaram por ser conquistados na primeira manifestação da vocação expansionista de Roma. Na época imperial, devido à proximidade e à facilidade de comunicação com o porto marítimo de Ostia através do Rio Tibre, o bairro recebeu muitos imigrantes orientais, principalmente judeus, que, mais tarde, atravessaram o rio para se estabelecer na região do Ghetto.

Por ser um bairro único, totalmente diferente das outras regiões de Roma, o **Trastevere** atrai uma multidão de turistas, o que acaba por provocar uma proliferação de restaurantes, cafés e butiques, que garantem um ambiente descontraído e alegre, principalmente à noite.

O coração do bairro

Nosso trajeto pelo Trastevere começa na **Piazza Santa Cecilia**, visitando a basílica construída no século III sobre os escombros da casa onde vivia e foi martirizada a nobre romana Cecília, padroeira da música. A basílica foi reconstruída no século IX, e a fachada de Ferdinando Fuga foi adicionada no século XVIII. Um gracioso jardim precede a entrada da igreja, e, no seu centro, sobressai uma fonte, cujo vaso é o mesmo que adornava a rica casa da santa. No teto, um belíssimo afresco de Sebastiano Conca (1680-1764), a *Apoteose de Santa Cecilia*. Sobre o altar, uma pintura de Guido Reni (1575-1642), o último dos grandes pintores renascentistas, sobre a decapitação da santa. Em frente ao altar, uma estátua de Santa Cecília feita por Stefano Maderno (1565-1536). Mas da grande obra artística da igreja, o *Julgamento Final*, de Piero Cavallini (1259-1330), não restam senão fragmentos que podem ser vistos no convento adjacente.

Saindo da basílica, vamos dobrar à esquerda na Via di San Michelle, novamente à esquerda, na Via dei Genovesi, e à direita na Viale di Trastevere. À esquerda, o campanário e a igreja de San Crisogono, uma das mais antigas igrejas de Roma, embora seu corpo atual seja do século XII. A entrada da igreja se dá através de um belo pórtico, suportado por quatro colunas dóricas, e o interior apresenta uma mistura do estilo românico e decoração barroca.

Um pouco à frente, à esquerda, fica a principal via da região, a Via della Lungaretta, antiga rua existente desde a época clássica, restaurada durante o papado de Júlio II, que nos leva até a **Piazza Santa Maria in Trastevere**, coração do bairro. Repare, logo à direita, no Vicolo de Santa Rufina, um dos mais antigos campanários de Roma, o da pequena igreja de Santa Rufina. Muitos afirmam que tanto a fonte do centro da praça de Santa Maria in Trastevere como a basílica são as mais antigas de Roma. A praça é um dos pontos de encontro mais alegres e movimentados de Roma. A escadaria que circunda a fonte está sempre cheia de jovens; casais ocupam as mesas dos diversos restaurantes, espalhadas pela praça, para um café ou uma taça de vinho enquanto apreciam o cenário deslumbrante do conjunto.

A basílica é do século III e foi construída no local onde existiu uma casa de encontro de cristãos, a Taberna Meritória. Segundo a lenda, no momento em que Cristo nascia na Galileia, uma fonte de puro óleo brotou da terra no local da atual praça, sinal da graça de Deus se espalhando sobre a humanidade. E, até hoje, uma das ruas que saem da praça se chama Via della Fonte D'Olio. A primitiva basílica passou por reformas nos séculos V e VIII, até ser totalmente remodelada e adquirir suas feições atuais no século XII, época do papa Inocêncio II, pertencente à tradicional família trasteverina Papareschi, nascido em data desconhecida e morto em 1148. Seu interior é no estilo românico, com uma nave central, separada de asas laterais por 22 colunas iônicas e coríntias retiradas das Termas de Caracala. No semidomo do fundo, um belíssimo trabalho em mosaico de autor desconhecido do século XII, representando a glorificação de Maria. Logo abaixo, seis cenas da vida de Maria, trabalho em mosaico do século XIII, executado por Pietro Cavallini. No teto em formato octogonal, a *Assunção da Virgem* por Domenichino. Na fachada, outro belo trabalho em mosaico, representando a virgem com o menino e dez outras mulheres. O pórtico frontal foi adicionado por Carlo Fontana, no início do século XVIII.

Saindo da praça, caminhemos pela Via della Paglia até a Piazza Santo Egidio, onde se localiza o **Museo di Roma in Trastevere**, ou **Museo del Folklore**, com pinturas, gravuras e aquarelas que retratam a vida cotidiana em Roma nos séculos passados, inclusive reconstruindo lojas antigas e uma taverna. Na **Piazza della Scala**, um pouco à frente, encontra-se a igreja **Santa Maria della Scala**, projeto de Francesco da Volterra, do fim do século XVI, construída para abrigar uma imagem milagrosa da Virgem Maria. É muito simples por fora, mas ricamente adornada no interior, com uma profusão de mármores de diferentes cores.

Continuando pela Via della Scala, no cruzamento com a Via Garibaldi e a Via di Santa Doroteia, vemos a **Porta Settimiana**, uma das entradas da cidade existentes no muro que a contornava e protegia, construído pelo imperador Aureliano. Foi reconstruída no final do

século XV pelo papa Alexandre VI, que também iniciou, partindo da Porta, a abertura da Via Della Lungara, completada por seu sucessor, Júlio II, como parte da reurbanização de Roma e que corre paralela à Via Giulia, do outro lado do rio. Na Via Santa Doroteia, está a casa da Fornarina (pequena padeira), como era conhecida a musa inspiradora de Rafael de nome Margherita, filha de um padeiro. Esse local é bem próximo da Villa Farnesina, onde o pintor trabalhou por muito tempo.

Hóspedes ilustres

A **Villa Farnesina**, na Via della Lungara, um dos lugares mais charmosos de Roma, foi construída no início do século XVI pelo arquiteto e pintor de Siena Baldassare Peruzzi (1481-1537) para o rico banqueiro Agostino Chigi (1466-1520), amigo e protetor de artistas, que passou a utilizá-la para receber a sociedade romana em festas e representações teatrais e musicais. A entrada da Villa se dá pela Loggia di Psyche, aberta diretamente para o jardim. Embora toda a sua decoração tenha sido desenhada por Rafael, as pinturas do teto representando o conselho dos deuses e o banquete das bodas de Cupido e Psiquê foram executadas por Giulio Romano e outros seus discípulos. Somente uma das figuras, *As três Graças*, é atribuída a Rafael. Também é de Rafael o belíssimo *Triunfo de Galatea*, que mostra a ninfa do mar em sua carruagem, acompanhada de golfinhos, deslizando sobre as ondas. No interior da Villa, são destaques *O casamento de Alexandre e Roxana*, de Sodoma (1477–1549) e os afrescos de Peruzzi, no Salão das Perspectivas.

No fim do século XVI, a Farnesina foi adquirida pela família Farnese, daí o seu nome. De segunda a sexta-feira às 12h30, e aos sábados, às 11h30 e às 12h30, acontece

SAN PIETRO IN MONTORIO

uma interessante visita guiada, acompanhada de um fundo musical renascentista, executado por instrumentos de época. Reservas podem ser pelo telefone (39) 06 6802 7397. A Villa Farnesina hoje abriga o **Gabinetto dei Disegni e delle Stampe** e parte da **Accademia dei Lincei**, a mais antiga academia científica do mundo, fundada em 1603, da qual Galileu Galilei (1564-1642) foi um dos primeiros membros.

A outra parte dessa academia localiza-se em frente, no **Palazzo Corsini**, erguido no local onde existia uma *villa* do século XV, pertencente à família Riario. Essa *villa* ficou famosa por hospedar pessoas ilustres, como Bramante, Michelangelo e a Rainha Cristina da Suécia. Depois que abdicou do trono e converteu-se ao catolicismo, a soberana sueca lá viveu durante quase 30 anos, decorando o palácio com suas numerosas obras de arte e a transformando-o no centro intelectual da vida romana. Durante sua longa estadia em Roma, o padre Antônio Vieira foi um dos frequentadores da *villa*, sendo muito admirado pela sociedade romana devido à sua erudição e dotes oratórios. Na primeira metade do século XVIII, a propriedade foi adquirida pela família Corsini, à qual pertencia o papa da época, Clemente XII, e Ferdinando Fuga transformou a *villa* em um monumental palácio, que hoje hospeda parte da **Galleria Nazionale d'Arte Antica**, com obra de famosos artistas italianos, como Fra Angelico, Guido Reni, Caravaggio, Andrea del Sarto (1486-1531), e também de outras nacionalidades, como Van Dick (1599-1641), Rubens (1577-1640) e Murillo (1618-1682). Ao lado do palácio, a Via Corsini nos leva ao **Largo Cristina di Svezia**, onde se localiza a entrada para o **Orto Botanico**, que é parte dos vastos jardins da propriedade.

FONTANONE DELL'ACQUA PAOLA

SEXTO DIA

Heroína brasileira

Voltando à **Porta Settimiana**, subamos a Via Garibaldi à direita rumo ao **Gianiccolo**, um simpático bairro romano situado no alto de uma colina. Todo esse trajeto pelo Gianiccolo pode também ser feito pelos ônibus de números 115 e 870. Um pouco adiante, à esquerda, a igreja de **Santa Maria dei Sette Dolori**, obra de Borromini, com a fachada trabalhada em arranjos côncavos e convexos, no estilo peculiar desse artista. O convento adjacente à igreja foi transformado em um luxuoso hotel. Subindo um pouco mais, vamos chegar a um terraço de onde se descortina uma das mais celebradas vistas de Roma. Estamos no terraço em frente à igreja **San Pietro in Montorio**, originária da Idade Média e reformada no século XV às expensas dos reis católicos da Espanha, Fernando e Isabel. No interior, várias obras de renomados renascentistas: Sebastiano del Piombo (1485-1547), Giorgio Vasari (1511-1574), Guido Reni e Bernini. Escondida no claustro ao lado da igreja, uma joia renascentista: o **Tempietto del Bramante**, construído no local onde se acredita que São Pedro tenha sido crucificado. O pequeno templo se constitui de uma capela rodeada por 16 colunas dóricas e encimada por uma abóbada, e é considerado um modelo de harmonia e equilíbrio, que credenciou Bramante a ser escolhido como arquiteto da **Basílica de São Pedro**.

A Via Garibaldi continua subindo atrás da igreja e nos leva até a monumental **Fontanone dell'Acqua Paola**, obra do papa Paulo V. Um pouco acima, dobrando à esquerda, vamos chegar à **Porta di San Pancrazio**, imortalizada na história pela heroica resistência de Giuseppe Garibaldi ao exército francês, que invadiu Roma em 1849. Foi derrotado, mas conseguiu fugir para retornar como o grande herói da reunificação italiana, em 1870. Antes já havia participado da Revolução Farroupilha, no Rio Grande do Sul, e da Independência do Uruguai.

Da **Porta di San Pancrazio** sai a Viale delle Mura Gianicolensi, que vai até a graciosa **Villa Sciarra**, ornada com estátuas, fontes e gazebos, bastante frequentada pelas mães e pelas crianças da região. Também nessa porta está uma das entradas da elegante **Villa Doria Pamphili**, a maior área verde de Roma, frequentada pelos amantes do *jogging* e de esportes a céu aberto. Antiga propriedade da família Doria Pamphili, foi recentemente adquirida pelo governo italiano, e no palácio do século XVII, rodeado de estupendos jardins, está aberto ao público um museu de antiguidades e esculturas.

A **Passegiata del Gianicolo** une a Porta di San Pancrazio com a Piazzale Giuseppi Garibaldi, onde está o monumento ao herói. Continuando pela Passegiata, à direita, localiza-se **Villa Lante**, obra de Giulio Romano, que hoje abriga a Embaixada da Finlândia junto à Santa Sé.

À esquerda, a **estátua de Anita Garibaldi** a cavalo, com uma criança em um dos braços e um revólver na outra mão. Brasileira, filha de um tropeiro das montanhas de Santa Catarina, Ana Maria de Jesus lutou ao lado de seu marido para se tornar uma heroína da história italiana.

Abaixo, à esquerda, o convento e a igreja **Sant'Onofrio al Gianicolo**, do século XV, com o interior decorado com obras de importantes artistas, entre eles Domenichino, Pinturicchio (1454-1513) e Baldassare Peruzzi. No convento, viveu e veio a falecer o poeta renascentista Torquato Tasso (1544-1595), motivo pelo qual o local é bastante procurado por intelectuais e artistas.

Nas vizinhanças, existe uma frondosa árvore, conhecida como o **Carvalho de Tasso**, em cuja sombra o poeta costumava passar longas horas. Um ramo desse carvalho foi enviado a Machado de Assis, por ocasião da instalação da Academia Brasileira de Letras por Joaquim Nabuco, que, à época, desempenhava uma missão diplomática em Roma.

Para o drink do fim do roteiro, retorne à Viale delle Mura Gionicolensi, 107, onde está o **Grand Hotel del Gianicolo**, com seu serviço de bar ao redor da piscina em um bucólico ambiente com vistas deslumbrantes da Cidade Eterna.

Onde comprar

Nas Vias Portuense e Ipolito Nievo, aos domingos, funciona um mercado, conhecido como **Mercado della Porta Portese**, onde se encontra de tudo: roupas, calçados bolsas, malas, utensílios para cozinha, móveis e plantas. Nas vizinhanças da igreja de Santa Maria, predomina um ativo comércio de butiques de roupas informais, bijuterias e joias.

Onde comer

O Trastevere é uma região boêmia com uma infinidade de bares, restaurantes e casas noturnas. No número 86 da Via della Lungaretta, situa-se a **Enoteca Trastevere**, com uma extensa seleção dos mais finos vinhos. Para um aperitivo de fim de tarde, experimente o sempre movimentado **Bar Freni e Frizioni,** na Via Polietana, 6, bem perto da Ponte Sisto, ou o **Ma Que Siete Venuti a Fà**, estranho nome que significa "mas o que vieste fazer", na Via Benedetta, 25.

Uma antiga tradição do bairro, muito procurada pelos turistas, com ambiente alegre, onde sempre aparece um intérprete das velhas canções italianas, é o restaurante **Da Mea Pataca**, localizado na charmosa Piazza dei Mercanti. Tel.: (39) 06 581 6198.

SEXTO DIA

Romolo nel Giardino della Fornarina, situado nos fundos da casa da Fornarina; se o tempo permitir, faça reserva no agradável cenário dos jardins do restaurante. Fica na Via di Porta Settimana, 8. Fecha às segundas-feiras. Tel.: (39) 06 581 8284.

Galeassi, no belo panorama da Piazza Santa Maria in Trastevere, uma tradição desde 1907. Fechado às segundas. Tel.: 06 580 3775.

Antico Arco, no topo do Gianicolo, consagrado e sofisticado restaurante, com cozinha original e criativa, dirigida pela chef Patrizia Mattei, de tradicional família do ramo gastronômico. Fecha aos domingos. Fica na Piazzale Aurelia, 7. Tel.: (39) 06 581 5274.

A grandeza de Roma se exprime mais pela colossal magnificência da arquitetura do que pelas obras-primas da imaginação. Esse luxo gigantesco, essas maravilhas da riqueza têm um grande caráter de dignidade

Madame de Staël (1766–1817),
escritora francesa

sétimo dia
O VATICANO

7

BASÍLICA DE SÃO PEDRO, CAPPELLA SISTINA E MUSEUS VATICANOS

*Menor estado independente do mundo, sede e baluarte maior da fé católica, o Vaticano abriga entre suas muralhas um dos grandes tesouros artísticos da humanidade, onde tudo é superlativo. A **Basílica de São Pedro**, um dos mais ambiciosos empreendimentos arquitetônicos de todos os tempos, que devolveu a Roma sua grandeza perdida e fez dela a Cidade Eterna; a **Cappella Sistina**, local de encontro dos cardeais para a eleição dos papas, adornada com os afrescos mundialmente famosos de Michelangelo, admirados e inigualados; os Museus Vaticanos, nomenclatura que abrange vários museus, grandes e pequenos, com um número quase ilimitado de exposições das mais diversas artes, inclusive a maior coleção de arte antiga do mundo.*

O Estado da Cidade do Vaticano é um enclave murado na cidade de Roma, reconhecido como um estado soberano e inviolável pelo Tratado de Latrão, assinado entre o ditador italiano Benito Mussolini e o papa Pio XI (1857-1939) em 1929. É o menor estado do mundo, tanto em tamanho – 44 hectares – como em população – 800 habitantes. É governado pelo papa e tem próprio banco, moeda, sistema judiciário, rádio e um jornal diário, *l'Osservatore Romano*.

O **Corso Vittorio Emanuelle II**, que corta o Centro Histórico, termina à beira do Rio Tibre; ao ultrapassá-lo pela ponte com o mesmo nome e caminhar um pequeno trecho da Via Pio X, chegamos à Via della Conciliazione, construída para celebrar a paz entre a igreja e o estado com a assinatura do Tratado de Latrão.

Logo à direita, a igreja de **Santa Maria in Transpontina**, do século XVI, construída no local onde, segundo se acredita, estiveram presos e foram torturados São Pedro e São Paulo.

VIA DELLA CONCILIAZIONE

Um pouco à frente, está o **Palazzo Torlonia**, do século
XV, antiga embaixada da Inglaterra junto à Santa Sé,
antes do rompimento de Henrique VIII (1491-1547) com
a Igreja Católica. Possui um lindo pátio interno atribuído
a Rafael. Ao lado o **Palazzo dei Conventi**, onde
morreu Rafael, é uma obra de Bramante.

Chegamos então à monumental **Praça de São Pedro**,
iniciada e completada durante o papado de Alexandre
VII, papa da família Chigi, obra-prima de Lorenzo
Bernini, o grande nome da arquitetura romana do século
XVII. A praça é posterior à basílica e impressiona por
sua grandiosidade e harmonia. Tem o formato elíptico e
possui no centro um obelisco, um monólito de granito de
320 t e 25 m de altura, trazido do Egito pelo imperador
Calígula (2-41) e colocado na entrada do seu Circo, que
era vizinho à praça. Foi deslocado para o local onde se
encontra em fins do século XVI, antes mesmo do
trabalho de Bernini, por Domenico Fontana, responsável
pela colocação do obelisco da **Piazza Del Popolo**,
arquiteto preferido do papa de então, Sisto V. Duas belas
fontes jorram água na praça: a da direita do obelisco é
obra de Carlo Maderno, do início do século XVII; a da
esquerda é de Carlo Fontana, do final do mesmo século.

A famosa *colunata* de Bernini circunda a praça com quatro
filas de colunas dóricas e é encimada por uma balaustrada,
sobre a qual estão dispostas as imagens de 140 santos e
papas com o dobro do tamanho natural. Como um

SÉTIMO DIA

VATICANO

anfiteatro imperial, a praça é uma forma oval aberta, capaz de acolher multidões imensas, uma espécie de acesso ao ar livre em que os peregrinos se preparam espiritualmente para entrar no santuário. Segundo George Eliot (1819-1880), pseudônimo da novelista britânica Mary Ann Evans, "a praça e o aclive sempre me deram a sensação de ter entrado em uma Jerusalém milenar em que tudo de pequeno e maltrapilho fosse desconhecido".

Uma imponente escadaria liga a praça à **Basílica de São Pedro**. A pedra fundamental da nova basílica foi lançada em 1506, pelo papa Júlio II, que os romanos conheciam como *"Il Terribile"*. Somente um homem determinado, impetuoso, corajoso e confiante em sua missão como esse papa, que viria também a ser conhecido como o César Cristão, seria capaz de projetar uma nova igreja para substituir a erguida pelo imperador Constantino (272-337) havia mais de 1.200 anos, templo venerado pelos cristãos e quase tão antigo como a Igreja de Roma.

Obra de vários artistas

Donato Bramante, arquiteto encarregado do projeto, depois de ver e compreender as formidáveis obras da Antiguidade, embora muitas delas estivessem em ruínas, idealizou a basílica em forma de cruz grega com um domo no centro. Dirigiu os trabalhos da construção, que viriam a se prolongar por 120 anos, até sua morte, em 1514, um ano após a morte do papa Júlio II. Rafael substituiu Bramante na direção dos trabalhos e propôs um novo projeto, com a basílica em forma de cruz latina.

Seis anos depois, com a morte de Rafael, é Antonio da Sangalo que assume a direção, mas as obras desenvolviam-se vagarosamente. Sangalo morre em 1546, e o papa Paulo III (1468-1549), da família Farnese, convida Michelangelo para substituí-lo. Já bastante conhecido e famoso, Michelangelo exigiu e obteve carta branca no seu trabalho. Abandonou o projeto de Sangalo e retomou o projeto de Bramante, com modificações, naturalmente. Projetou a cúpula, que viria se tornar o grande marco da cidade, com 42 m de diâmetro, um pouco menor que a do **Panteão**, mas mais alta, com 132,5 m. Faleceu em 1564 com a cúpula inacabada, mas deixou desenhos e um modelo em madeira que permitiram a Giacomo della Porta concluí-la, com algumas modificações, em 1590, à época de Sisto V.

Em 1605, a basílica aproximava-se da conclusão, quando assumiu o papa Paulo V, da poderosa família Borghese, que fez várias restrições aos projetos de Bramante, Michelangelo, Sangalo e Giacomo della Porta, principalmente com relação à forma e às dimensões. A cruz grega, dizia ele, era bizantina, e a basílica era destinada a ser o marco supremo de uma religião que se redefinia como romana, em uma época em que ela começava a se recuperar da deserção protestante.

Os quatro braços iguais da igreja, alegava ainda o papa, seriam insuficientes para acomodar as grandes multidões que compareceriam às celebrações e festas religiosas. Com muita ousadia e coragem, propôs então um concurso para modificar o projeto que havia cem anos vinha se desenvolvendo. Aproximadamente um quarto da antiga igreja de **Constantino** continuava de pé em frente ao canteiro de obras da nova basílica e sendo utilizada para as cerimônias cristãs, separada da nova

VATICANO

construção por uma parede divisória. Paulo V ordenou a demolição imediata desse restante, provocando grande descontentamento entre os cristãos. Enquanto se realizava essa demolição, o concurso foi realizado, tendo saído vencedor Carlo Maderno. Ele retomou o projeto da cruz latina de Rafael e avançou a nave central para a frente, alongando-a em 61 m. Começou então a construção da fachada e do átrio frontal, que, a exemplo da cruz latina, tinha enorme semelhança com o projeto de Rafael, de cem anos antes.

A fachada é imponente, com 114 m de largura por 51 m de altura, ladeada por dois campanários, que nunca chegaram a ser concluídos. Na parte superior, fica a Sacada das Bênçãos, uma varanda de onde o papa abençoa os fiéis e a cidade. Acima, erguem-se as grandiosas imagens de Cristo e dos apóstolos com 5,80 m de altura. Não faltam críticos ao trabalho de Maderno pelo fato de o prolongamento da nave e a altura da fachada dificultarem a visão da cúpula para quem está na praça. Também se criticam as proporções da fachada, muito larga, certamente devido à ausência dos projetados campanários nas duas extremidades.

A basílica foi finalmente consagrada em 1626, por Urbano VIII. Oito papas estiveram envolvidos em sua construção. Pode-se lhes criticar o comportamento, mas nunca o bom gosto. O sacrifício foi grande, os custos foram enormes, mas, finalmente, depois de tanto tempo, "emergiu um feito extraordinário de engenharia e arquitetura, graças à genialidade de alguns artistas, incorporando a força de Bramante, a graça de Rafael, a clareza de Michelangelo e a teatralidade de Bernini", como disse a escritora americana contemporânea R. A. Scotti.

Patrimônio artístico

É a maior igreja da cristandade, ocupando uma área de 23 mil m², com uma capacidade para abrigar 60 mil pessoas. O estilo é renascentista e barroco, com o interior ricamente decorado com uma profusão de mármores das mais diferentes cores, inúmeras estátuas de santos e anjos, túmulos de papas e de outras personalidades ilustres. Logo na entrada, à direita, a mais famosa obra de arte de todo o edifício: a *Pietà*, de Michelangelo. Em seguida, o monumento de autoria da Carlo Fontana dedicado à Rainha Cristina da Suécia, única mulher a ser enterrada na basílica.

A esplêndida **Cappella del SS Sacramento** vem em seguida. O portão de ferro da entrada é trabalho de Borromini; o sacrário de bronze dourado é de Bernini e, acima do altar, destaca-se uma obra de Pietro da Cortona, a *Trindade*. Ao lado, está a **Cappella Gregoriana**, trabalho de Giacomo della Porta, com uma obra do século XI da antiga igreja de São Pedro, *Madonna del Soccorso*, acima do altar.

SÉTIMO DIA

No final da ala direita, ao lado da **Cappella di San Michelle**, uma importante escultura de Antonio Canova, homenagem ao papa Clemente VIII (1693-1789). No fundo da igreja, a **Cattedra di San Pietro,** uma antiga cadeira de madeira com ornamentação em marfim, que a tradição diz ter sido usada pelo apóstolo. Hoje não é vista, pois está enclausurada por um trono de bronze com relevos dourados, obra de Bernini, responsável também pelas esculturas em bronze de quatro Doutores da Igreja que rodeiam e suportam o trono.

TETO VATICANO

À direita da Cattedra está o belíssimo túmulo de **Urbano VIII**, desenhado por Bernini, e, à esquerda, o de **Paulo III**, obra-prima de Guglielmo della Porta (1500-1577). Abaixo da cúpula, como se acompanhassem a trajetória de um eixo vertical, estão o **Baldacchino**, o **Altare Papale** e o **Confessio di San Pietro**.

O **Baldacchino**, de Bernini, é uma esplendorosa obra barroca em bronze dourado, que cobre o Altare Papale, com quatro colunas espiraladas de 20 m de altura. Em relevo nas colunas, são visíveis as abelhas, símbolo da família Barberini, à qual pertencia o papa Urbano VIII, patrono da obra. O **Altare Papale** é exclusivo do papa. É o local de onde ele preside as cerimônias religiosas de frente para a congregação. O **Confessio di San Pietro** é o local, abaixo do altar, onde está o túmulo do santo. O acesso se dá por uma dupla escada em curva com uma balaustrada com 99 velas que ardem perpetuamente. Todo o conjunto foi decorado por Maderno. No centro do Confessio, está uma estátua, feita por Canova, do papa Pio VI (1717-1799) ajoelhado. Esse primeiro subsolo é conhecido como Sacre Grotte, por abrigar túmulos de vários papas, inclusive o de João Paulo II (1920-2005).

No segundo subsolo, encontra-se a **Necrópole**. Escavações recentes mostraram que o local abriga ruínas de numerosos túmulos cristãos e pagãos dos primeiros anos do cristianismo. A visita à Necrópole é limitada a um número reduzido de pessoas por dia, sendo indispensável fazer reserva, pelo telefone (39) 06 6988 5318 ou pelo e-mail *scavi@fsp.va*. Todo o conjunto é rodeado por quatro enormes pilares de sustentação da cúpula. Entronizada na base de um deles, à direita, está uma das mais belas estátuas da Basílica, a de São Pedro, obra-prima de Arnolfo di Cambio (1240-1310).

No final da ala esquerda da Basílica, vê-se a **Cappella della Colonna** com o túmulo de Leão, o Grande (nascido em data desconhecida e morto em 440), abaixo do altar à direita, e os de Leão II (640-683) e Leão III (750-816), à esquerda. Junto ao transepto está o último trabalho de Bernini, o esplendoroso túmulo de **Alexandre VII**.

Logo após o transepto está a entrada para a sacristia e para o **Museu Histórico Artístico**, também conhecido como **Tesouro de São Pedro**, onde ficam guardados e expostos presentes ofertados aos papas por chefes de estado recebidos em audiência. Apesar de saqueado pelos sarracenos no século IX e pelos franceses em 1527, ainda conserva algumas preciosidades, como a "Crux Vaticana", datada do ano 575, presente do imperador Justiniano II (669-711), e o "Calice di Stuart", que pertencia a ilustre membro dessa importante família católica do Reino Unido, o cardeal Duque de York (1725-1807).

Em seguida, vem a **Cappella Clementina**, também trabalho de Giacomo della Porta, a exemplo da

Cappella Gregoriana, do lado oposto da basílica.
Caminhando em direção à entrada da basílica, vemos
alguns monumentos funerários: o de Leão XI (1535-
1605), outro papa da família Medici, desenhado por
Alassandro Algardi (1598-1654); o túmulo em bronze
de Inocêncio VIII (1235-1303), obra do século XV, de
Antonio del Pallaiolo (1431-1498), transferida da antiga
igreja de São Pedro; o monumento a três membros da
família real dos Stuart ali enterrados, obra de Canova.
A última capela contém o batistério, e ao lado, o acesso
à cúpula e ao topo da basílica. São mais de 500 degraus
até o topo, com a recompensa de uma vista de 360
graus de Roma.

Os museus

O **Palácio do Vaticano** abriga os **Museus e Galerias do
Vaticano**, as **Stanze di Rafaello**, o **Apartamento Bórgia**
e a **Cappella Sistina**. Desde o século V, quando os papas
habitavam o **Palazzo Laterano,** se tem notícia de
alojamentos ao lado da **Basílica de São Pedro**. No
século XII, as construções aí existentes foram ampliadas
e reforçadas para se transformarem em uma fortaleza.
Em 1377, quando o papa Gregório XI (1329-1378), de
origem francesa, decidiu retornar a sede do papado para
Roma, após um exílio de mais de 150 anos em Avignon,
na França, encontrou o Palazzo Laterano quase que
totalmente destruído e resolveu se instalar no Vaticano.

SÉTIMO DIA

A partir daí, várias restaurações e acréscimos foram feitos, transformando a antiga fortaleza no suntuoso palácio de hoje. Os chamados Museus Vaticanos são uma série de museus, abrangendo diversos temas: **Museu Sacro, Museu Etrusco, Museu Egípcio, Biblioteca Vaticana, Pinacoteca**, entre outros, sendo o conjunto considerado a maior coleção de arte antiga do mundo. O ingresso aos museus se dá pela Viale del Vaticano, perto da Piazza del Risorgimento, local da estação de metrô Ottaviano, a uma boa distância da Praça de São Pedro. Um ônibus circular faz o trajeto entre a basílica e os museus. A mesma entrada dá acesso aos jardins do Vaticano, somente acessíveis a quem reserva uma visita guiada. São 23 hectares de canteiros, fortificações medievais, monumentos e edifícios, como a Torre de São João, recentemente remodelada e usada para hospedar visitantes ilustres, e a Villa Pia, sede da Academia Pontifícia de Ciências.

Segredos de um viajante – Guia de Roma

RAMPA EM ESPIRAL

SÉTIMO DIA

Por ser o lugar mais visitado de Roma, sempre muito concorrido, a visita aos museus requer uma boa dose de paciência, e aconselha-se reservar pelo telefone (39) 06 6988 3333, para adquirir os bilhetes de entrada com hora marcada. Funciona de segunda a sábado das 9h às 18h, e em alguns dias dos meses de verão até às 21h30, ficando fechado nos dias de festas religiosas, feriados e domingos. O ideal para evitar a multidão é marcar a visita para a primeira hora da manhã. Como essa visita termina na **Cappella Sistina,** são exigidas roupas apropriadas, principalmente para as mulheres. Não é permitida também a entrada de homens usando bermudas.

O acesso aos museus se dá por uma bela rampa em espiral, que conduz à área de admissão às coleções. A **Pinacoteca** está próxima, ocupando uma nova ala construída na década de 1930. Lá estão expostas mais de 400 das mais consagradas obras de arte do Vaticano, inclusive pinturas famosas de Giotto di Bondone (1266-1337), Rafael e Caravaggio, e um São Jerônimo inacabado de Leonardo da Vinci (1452-1519).

O **Museu Pio-Clementino** expõe as mais antigas esculturas; no **Museu Chiaramonti**, destaca-se uma estátua do imperador Augusto, do século I a.C.; vizinha está a **Scala di Bramante**, uma escada em espiral dentro de uma torre quadrada de acesso ao palácio.

Seguindo placas indicativas para a **Stanze di Rafaello**, atravessamos a Galleria dei Candelabri (Galeria dos Candelabros), a Galleria degli Arazzi (Galeria dos Tapetes) e a Galleria delle Carte Geografiche (Galeria dos Mapas), com uma linda vista para os jardins do Vaticano, à direita, e para o Cortile della Pigna e del Belvedere, à esquerda.

Júlio II, que governou a igreja de 1503 a 1513, contratou Bramante para construir seu apartamento. Constituído de quatro quartos, com decoração de Rafael, o conjunto, passou a ser conhecido como **Stanze di Rafaello**. As pinturas feitas por Rafael e seus discípulos, principalmente as da Stanze della Segnatura, só perdem em interesse artístico para o teto da **Cappella Sistina** executado por Michelangelo.

Em uma das paredes, o pintor representou o triunfo da fé religiosa e da verdade, centralizado na doutrina da Eucaristia, no quadro *Disputa do Sacramento*. A religião vem representada pela Santíssima Trindade, por santos, altos sacerdotes e doutores da lei, além de figuras do Antigo Testamento e da história cristã. Na parede em frente, a *Escola de Atenas* representa o triunfo da filosofia, com dezenas de figuras representando muitos séculos do pensamento grego: Platão, Aristóteles, Sócrates, Pitágoras, Alcibíades, Zoroastro, etc. É a antiguidade pagã e a fé cristã convivendo juntas, em harmonia, numa mesma sala. Numa terceira parede, bastante diminuída pela presença de uma janela, Rafael representou a Pintura e a Música. Na última parede, também com uma janela, o pintor representou o Direito nas figuras da Prudência, da Força e da Moderação; o Direito Civil, com o imperador Justiniano (483-565), e o Direito Canônico, com o papa Gregório IX (1160-1241).

O **Apartamento Borgia** foi um acréscimo na área residencial do Vaticano executado durante o reinado de Alexandre VI, de 1492 a 1503. Trata-se de um conjunto de seis quartos decorados por Pinturicchio e seus assistentes.

Gênios da pintura

A **Cappella Sistina** deve seu nome ao fato de ter sido construída na época do papa Sisto IV (1414-1484), da família Rovere, tio do papa Júlio II. O projeto é do arquiteto Baccio Pontelli (1450-1492), e a supervisão da construção foi entregue a Giovannino de Dolci (nascido em data desconhecida e morto em 1486). Alguns famosos artistas foram encarregados da pintura das paredes: Pietro Perugino (1446-1524), que foi o mestre de Rafael, Sandro Botticelli (1445-1510), Domenico Ghirlandaio (1449-1494), Luca Signorelli (1445-1523), entre outros. Em 1508, o papa Júlio II chamou Michelangelo Buonarroti para pintar o teto da capela. O artista a princípio resistiu, por se considerar um escultor, e não um pintor. Não se achava em condições de enfrentar o desafio de pintar um teto 20 m acima do chão. Mas Júlio II era determinado e acabou por convencer Michelangelo a aceitar a incumbência. Depois de quatro anos de trabalho, o artista deu

Segredos de um viajante – Guia de Roma

MUSEUS DO VATICANO

por concluída a maior realização da história da pintura. O motivo da pintura é a criação do mundo e do homem, abrangendo todo o Antigo Testamento.

Se imaginarmos que, ao mesmo tempo em que Michelangelo trabalhava na **Cappella Sistina**, Raffael pintava as Stanze e Bramante se ocupava do projeto da Basílica de São Pedro, podemos concluir que jamais na história da humanidade houve a presença de tantos gênios ao mesmo tempo, num mesmo lugar, como o que ocorreu em Roma à época de Júlio II. Um fato relevante, mas pouco conhecido, já que não é citado nos livros sobre Roma: em 1515, o papa Leão X, da poderosa família Medici, de Florença, talvez enciumado pelo enorme sucesso e glória de seu antecessor, Júlio II, com a obra de Michelangelo na **Cappella Sistina**, e para marcar seu pontificado, decidiu adornar com tapetes as paredes da capela, no espaço entre as pinturas e o chão. Sabia que a melhor tapeçaria se fazia em Flandres, na Bélgica, mas o melhor pintor do mundo, Rafael, estava em Roma. Encarregou então o artista de pintar dez grandes quadros sobre as vidas de São Pedro e São Paulo e os enviou a Bruxelas para serem transferidos para seda e lã.

Em 1519, os tapetes foram pendurados na capela com toda a elite romana presente, e foi um verdadeiro sucesso. Tais tapetes hoje encontram-se na Galeria dos Tapetes, no Vaticano, sendo pendurados na **Cappella Sistina** somente em dias de eventos especiais. Os quadros foram posteriormente adquiridos pelo rei Carlos I, da Inglaterra (1600-1649), e hoje são exibidos na sala Rafael do Museu Vitória e Alberto, em Londres.

Michelangelo voltaria à **Cappella Sistina** em 1534, à época do papa Paulo III, para completar sua obra com a pintura do Juízo Final, que ocupa toda a parede atrás do altar, e que retrata uma Justiça Divina extremamente severa e implacável com os condenados.

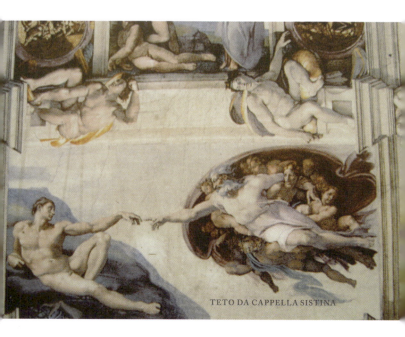

TETO DA CAPPELLA SISTINA

Os arredores

Saindo da Cappella Sistina, nos encontramos novamente na Praça de São Pedro e saindo à esquerda, vamos encontrar a Via dei Corridori, que continua com o nome de Borgo Sant'Angelo. Junto a essas duas ruas está o **Passetto di Borgo**, um elevado corredor fortificado com 800 m de comprimento que liga o **Vaticano** e o **Castelo de Sant'Angelo** , que servia de rota de fuga para o papa em caso de perigo.

O **Castelo de Sant'Angelo** é um enorme edifício cuja construção foi iniciada pelo imperador Adriano no ano 135 e terminada, quatro anos depois, por seu sucessor, Antonino Pio. A torre circular, com 20 m de altura, assentada sobre uma base quadrada, veio sendo modificada ao longo do tempo. Construída para ser um mausoléu, passou a ser fortaleza, prisão e residência de papas em épocas de guerra. O acesso ao monumento se dá por uma rampa em espiral, original da época da construção, que conduz à câmara mortuária de Adriano. No final da rampa, inicia-se a **Cordonata de Alexandre VI**, uma suave escadaria que termina no quarto andar, em um corredor circular que contorna todo o edifício.

De um lado, vistas da cidade, do outro, acesso a algumas atrações: salas decoradas com lindos afrescos do século XVI, como a **Sale Paolina**, no apartamento de Paulo III, e a **Sale dell'Apollo**; a **Cappella de Leão X**, com fachada de Michelangelo. Também ricos em pintura, decorados por Giulio Romano, os dois quartos e o banheiro do Apartamento de Clemente VII, que aí viveu durante o saque de Roma. Uma escadaria une esse pavimento ao terraço conhecido como **Terrazza dell'Angelo**, com uma sensacional vista da cidade, destacando-se a praça e a cúpula de São Pedro, bem próximas. Uma estátua em bronze do arcanjo Miguel, que teria livrado Roma de uma peste no final do século VI, está colocada no cume do monumento. Podemos agora voltar ao quarto andar para o aperitivo do final do percurso no agradável bar ao lado dos aposentos papais.

Onde comprar

Na região do Vaticano, passa a **Via Cola di Rienzo**, uma das principais ruas comerciais da cidade e principal artéria do *rione* (nome que se dá aos bairros em Roma) Pratti, uma das mais prestigiosas área residenciais da cidade. Nas vizinhanças da Praça de São Pedro, predomina o comércio de artigos ligados à religião.

Onde comer

Pertinho da Praça de São Pedro, no **Borgo Pio** e no **Borgo Vittorio**, encontra-se uma série de restaurantes, lanchonetes, sorveterias e cafés.

Na **Piazza dell'Unità**, junto à Via Cola di Rienzo, fica o tradicional **Mercato Rionale**, com variada oferta de queijos, vegetais, frutas, *salumeria*, massas frescas, etc. Vale uma visita. Na mesma Cola di Rienzo, 204, fica a **Franchi Gastronomia**, uma histórica *deli*, frequentadas por gourmets que, no balcão do bar, degustam as delícias da tradicional cozinha italiana.

Tornada famosa por ser a cantina favorita do cardeal Ratzinger, hoje papa emérito Bento XVI, a **Tirolese**, na Via Vitelleschi, 23, tem ambiente simples e acolhedor. No almoço é servido um *buffet*. Fecha às segundas-feiras.
Tel.: (39) 06 6813 5297.

Il Matriciano tem fama de servir o melhor *bucatini* da cidade. Fica no Pratti, à Via dei Gracchi, 55. Fecha às quartas-feiras e aos sábados no verão.
Tel.: (39) 06 321 2327.

*Roma, única cidade comum e universal.
Cidade metropolitana de todas as nações cristãs.*

Montaigne, escritor francês

oitavo dia
ROMA PARA TODOS

8

VILLA BORGHESE, PONTE MÍLVIA E LATRÃO

*A **Villa Borghese** é o mais central e frequentado dos parques romanos, com uma série de atrações, como museus, lago, teatro, cinema, restaurantes e jardins. Para as crianças há o **Zoológico**, o **Teatro Marionette**, a **Casina di Rafaello**, com variada programação educativa. O roteiro prossegue pela região da Via Flamínia até a **Ponte Mílvia**, local de uma batalha que decidiu a sorte da civilização cristã e termina nos arredores da principal catedral de Roma, **San Giovanni in Laterano**, obra do imperador Constantino. Ainda no roteiro, atrações da Roma contemporânea, a antiga residência dos papas, o Palazzo Laterano, e uma das mais veneradas relíquias da Cristandade, a **Scala Santa**.*

O **Museo e Galleria Borghese**, depositário da rica coleção de arte da família Borghese, está situado dentro da **Villa Borghese**, perto da Via Pinciana, por onde circulam os ônibus 52, 53 e 910. O prédio-sede do museu, conhecido como *casino*, foi concebido pelo cardeal Scipione Borghese (1576-1633), sobrinho do papa Paulo V, como um local de entretenimento e lazer. Sua construção, concluída no início do século XVII, esteve a cargo do arquiteto flamengo Jan Van Santen (1550-1621). O cardeal, homem de reconhecido bom gosto, foi um dos primeiros a reconhecer o gênio de Bernini como escultor, além de ter sido praticamente o descobridor e o grande protetor do pintor Caravaggio. O museu, relativamente pequeno em tamanho, é suntuoso em sua decoração e encerra aquela que é considerada a mais fina coleção privada do mundo.

Logo no *hall* de entrada, chamam a atenção o afresco do teto, *Apoteose de Rômulo*, de Mariano Rossi (1731-1801), e o piso em mosaico do século III trazido de uma propriedade da família em Torrenova. Ambos representam combates entre gladiadores e animais ferozes. Entre as esculturas há um grande predomínio das executadas por

MUSEO BORGHESE

Bernini como, por exemplo, *David*, *Apolo e Daphne*, *Plutão e Perséfone* e o *Rapto de Proserpina*. Contudo, a mais famosa e admirada das esculturas é a de Pauline Borghese representando a deusa Vênus, executada por Antonio Canova. É bom lembrar que Pauline, mulher famosa por sua extraordinária beleza, era irmã de Napoleão Bonaparte e casada com o nobre romano Camillo Borghese (1775-1832). Muitas lendas persistem sobre essa obra-prima de Canova. Uma delas diz que, devido ao erotismo da escultura, Camillo Borghese, enciumado, a manteve trancada e longe das vistas de qualquer pessoa por longo tempo. Após a separação do casal, para grande desgosto do escultor, foi Pauline que a manteve afastada do público, alegando que a obra destinava-se ao seu exclusivo deleite. No andar térreo, onde estão expostas as esculturas, encontra-se também o grupo das pinturas de Caravaggio. A Galleria situa-se no andar superior, com uma exibição de obras dos mais conhecidos pintores italianos, como Rafael, Ticiano, Veronese, Bellini, Perugino e Domenichino, entre tantos outros. O museu é muito procurado. Para garantir a visita, é aconselhável reservar os bilhetes, o que pode ser feito através do site *www.ticheteria.it* ou do telefone: (39) 06 32810.

Vamos agora dar uma agradável caminhada pela **Villa Borghese**, um antigo vinhedo transformado pelo cardeal Scipione Borghese em um dos maiores parques públicos de Roma, com belos jardins, lago artificial, fontes, estátuas, dois templos dedicados a Diana e a Esculápio, anfiteatro, jardim botânico e zoológico. Ao sair do museu, vamos seguir as placas indicativas até a **Galleria Nazionale d'Arte Moderna**, com exibição de obras dos séculos XIX e XX, em sua grande maioria de artistas italianos, como Modigliani, Morandi, Giorgio di Chirico, mas também de alguns estrangeiros, como Degas, Pollock e Kandinski. Um pouco abaixo, a **Villa Giulia**, antiga residência de verão do papa Júlio II, abriga o **Museu Etrusco**, com uma coleção de objetos em ouro, joias, cerâmicas, armas, considerada uma das mais importantes do mundo. Os etruscos, anteriores aos romanos, viviam no centro da Itália, ao norte de Roma. A exemplo dos egípcios, tinham o costume de enterrar seus mortos com os objetos usados por eles durante a vida. A maioria dos objetos exibidos no museu são provenientes de escavações realizadas nos túmulos e templos da antiga Etrúria. De grande valor artístico e consideradas a glória desse museu são as esculturas dos deuses em terracota, algumas em bom estado de conservação, que adornavam os templos etruscos.

Atrações modernas

Continuando pela **Viale delle Belle Arti**, vamos encontrar um pouco adiante a Via Flaminia, onde podemos pegar o *tram* 2 para ir até a **Ponte Mílvia**, hoje utilizada só por pedestres. Sua construção data do ano 109 a.C. Histórica e pitoresca, é o local da luta entre Constantino e Magêncio pelo cargo de imperador romano. Segundo a lenda, nessa ocasião Constantino teve uma visão da cruz de Cristo com os dizeres: *"In hoc signo vinces"* (com este símbolo, vencerás), motivo de sua conversão ao cristianismo. Nas proximidades está o Foro Italico, um complexo esportivo construído por Mussolini em 1931, que inclui o **Stadio Olímpico** e o **Stadio di Marmi**, com 60 figuras atléticas em mármore, remanescentes da Roma Antiga.

No número 10 da Via Guido Reni, fica a mais nova atração de Roma, o **MAXXI (Museu Nacional de Arte do século XXI)**, premiado projeto da consagrada arquiteta iraquiana radicada em Londres Farah Hadid. A coleção contempla trabalhos feitos a partir de 1960 de renomados artistas contemporâneos italianos e de outros países.

Na Via Pietro de Coubertin, que é uma continuação da Via Guido Reni, está o **Auditorium Parco della Musica**, inaugurado em 2002, obra do arquiteto italiano Renzo Piano, destinado a concertos de orquestras de música clássica, jazz e pop. São três espaços para espetáculos com uma acústica impecável e um anfiteatro.

OITAVO DIA

Relíquias da Terra Santa

Vamos agora retornar à **Piazza del Popolo** pelo *tram* 2 e pegar o metrô, direção Anagnina, para descer na estação San Giovanni e caminhar pela Viale Castrense, que sai da Piazzale Appio, até a **Piazza Santa Croce in Gerusalemme**. A igreja **Santa Croce** é uma das mais surpreendentes de Roma. A fachada e o vestíbulo em formato oval são exemplos marcantes do estilo rococó e foram adicionados ao antigo edifício no século XVIII. O interior é predominantemente barroco, com algumas colunas antigas, um piso cosmatesco e alguns detalhes renascentistas. O corpo da igreja é parte de um antigo palácio imperial do século II, conhecido como **Palatium Sessorianum**, convertido em basílica no século IV, para abrigar relíquias trazidas da Terra Santa pela mãe do imperador Constantino, Helena. Adjacentes à basílica, encontram-se duas capelas, dedicadas a São Gregório e a Santa Helena. Esta última continha relíquias da Terra Santa, como pedaços de madeira da cruz de Cristo e fragmentos da gruta de Belém e do Santo Sepulcro, que hoje se encontram na **Cappella delle Reliquie**, construção recente, de 1930. Fica aberta de 6h às 12h30 e de 15h30 às 19h30 (18h30 de outubro a junho).

Saindo de **Santa Croce,** vamos seguir pela Viale Carlo Felice até a **Piazza de Porta San Giovanni,** de onde avistamos a monumental fachada da **Basilica San Giovanni in Laterano**, obra de Alessandro Galilei

Segredos de um viajante – Guia de Roma

SANTA CROCE IN
GERUSALEMME

(1691-1737), vencedor de um concurso do qual participaram 33 arquitetos. Essa fachada marca o apogeu do estilo barroco em Roma. No seu topo, um dos marcos de Roma: 15 estátuas gigantescas, que podem ser vistas de longe, representando Cristo, São João Batista, São João Evangelista e 12 doutores da Igreja. À direita, o antigo **Palazzo Laterano**. Construído na época do imperador Marco Aurélio, pertenceu a uma tradicional família romana, que lhe emprestou o nome. Com o nome de **Patriarchate**, passou a ser a residência oficial dos papas desde a época de Constantino, no século IV, até a mudança da sede papal de Roma para Avignon, na França, em 1305. Foi totalmente destruído no século XVI por ocasião da reforma urbanística empreendida por Sisto V, o que foi considerado um imperdoável ato de vandalismo. Parcialmente reconstruído por Domenico Fontana, passou a servir como residência de verão dos papas. Nessa mesma época, o mesmo arquiteto acrescentou à Basilica di San Giovanni a fachada norte, com uma grande *loggia*, conhecida como "*loggia* da benção", na parte superior, de onde o papa abençoava os fiéis.

Lugar sagrado

À direita da Piazza di Porta di San Giovanni, em frente à basílica, encontra-se a **Scala Santa**, principal escada do antigo **Patriarchate**, tradicionalmente identificada como a escada subida por Cristo para ser julgado e condenado no palácio de Pôncio Pilatos, trazida para Roma pela mãe de Constantino. Hoje o mármore da escada está recoberto por madeira, e duas outras escadas foram construídas ao seu lado, todas elas dando acesso à capela **Sancta Sanctorum**, antiga capela dos papas, cujo nome provem da inscrição que aparece em sua entrada: "*Non est in toto sanctior orbe locus*" (Não há lugar mais sagrado do que este), inscrição reproduzida no exterior do edifício. O nome e a inscrição devem-se às muitas relíquias preservadas na capela, entre elas, uma pintura de Cristo, coberta de prata e pendurada sobre o altar, trazida de Constantinopla para Roma à época das perseguições iconoclásticas. É conhecida por *acheiropoeiton*, que em grego-bizantino significa "não pintada por mão", ou seja, de origem milagrosa. A escada e a capela são as duas únicas partes que sobreviveram do antigo Patriarchate. Aberto para visitas de 6h às 12h e de 14h30 às 18h30.

A basílica, construída pelo imperador Constantino e consagrada pelo papa Silvestre I (293-335) em 324, é hoje a catedral do bispo de Roma (o Papa), o que lhe concede o titulo honorífico de *Omnium Urbis Ecclesiarium Mater* (Mãe de Todas as Igrejas). Com o passar do tempo, a primitiva igreja de Constantino sofreu mais modificações do que qualquer outra das grandes igrejas romanas. Praticamente destruída durante a invasão dos vândalos, no século V, foi restaurada pelo papa Leão I (400-461). No século VIII foi destruída por um terremoto e reconstruída no século seguinte. No século XIV, foi vítima de dois incêndios e novamente restaurada. Então, quando, no século XVII, o grande arquiteto barroco Francesco Borromini foi contratado para a nova restauração, muito pouco da estrutura original tinha permanecido.

Uma das preciosidades existentes no interior da basílica é o fragmento de um afresco de Giotto di Bandone (1266-1337) que retrata o papa Bonifácio VIII (1235-1303) proclamando o primeiro Ano Santo, em 1300, situado à direita da entrada principal, na primeira das colunas. Nesse mesmo lado estão a **Cappella Torlonia**, mausoléu dessa família, um monumento moderno dedicado ao papa Silvestre II (940-1003) e, ainda, o túmulo do papa Inocêncio III (1160-1216). No meio do transepto, encontra-se o altar papal, coberto por um baldaquino de bronze do século XIV, onde somente o Papa pode celebrar missa. Ao pé do altar, uma inscrição em bronze assinala o túmulo de Martinho V (1368-1431), que, ao conseguir reunificar a Igreja Católica após o cisma de Avignon, deu início ao período de reconstrução da cidade, que coincide com o início em Roma da gloriosa Renascença. *"Temporum suorum felicitas"* (São tempos de felicidade), recorda a inscrição do túmulo. Logo à esquerda da entrada, está a **Cappella Corsini**, com os restos mortais do papa Clemente XII (1652-1740), membro dessa família. Um pouco à frente, uma pequena porta dá acesso aos claustros do início do século XIII. Os trabalhos em mosaico do estilo cosmatesco estão entre os mais belos encontrados em Roma e são obra dos Vassaletto, uma tradicional família romana de marmoristas.

Portas musicais

Saindo da basílica pela entrada norte, no fundo à direita, vamos nos encontrar na **Piazza di San Giovanni in Laterano**, em cujo centro ergue-se o mais velho e alto dos obeliscos romanos, datado do século XV a.C., trazido para Roma por Constantino II (317-340) e colocado no **Circo Massimo**. Em 1587, foi encontrado partido em três pedaços, reconstituído e colocado nessa praça durante a reforma urbanística de Roma.

Na praça, nos fundos da basílica, está o mais antigo batistério do cristianismo, do século IV, obra de Constantino. Possui forma octogonal, com a pia batismal em basalto verde no centro, rodeada por quatro capelas. A dedicada a São João Batista, do século V e redecorada no século XVIII, contém as famosas portas musicais de bronze, provenientes das **Termas de Caracala**, que, quando se movimentam, emitem um som harmonioso. A capela de **Santa Rufina** tem o teto decorado com fragmentos de um precioso mosaico do século V. A de São Venâncio lhe foi dedicada por seu compatriota, o papa João IV (580-642), natural da Dalmácia. Um mosaico da época retratando o papa ainda sobrevive. A mais bela das capelas é a de **São João**

OITAVO DIA

CIRCO MASSIMO

Evangelista, construída pelo papa Hilário (411-468), com o teto também decorado com um primoroso mosaico.

Saindo da praça pela Via di San Giovanni in Laterano, vamos dobrar à esquerda na Via di Santo Stefano Rotondo e à direita na Via dei Santi Quattro Coronati. Um pouco adiante, vamos encontrar um convento fortificado, usado na Idade Média como residência temporária dos papas e casa de hóspedes ilustres. Uma escada dá acesso a um espaço aberto diante de uma torre, que se eleva acima do portão de entrada. Passa-se por dois pátios internos antes de entrar na igreja **Santi Quattro Coronati**. O nome dessa igreja provém de quatro marmoristas convertidos ao cristianismo que, por se recusarem a esculpir ídolos pagãos, foram condenados à morte na época do imperador Diocleciano. No século IX, o papa Leão IV erigiu a primitiva igreja que foi danificada pelo fogo no século XI, durante a invasão dos povos normandos. Foi reconstruída em escala menor no século XII, pelo papa Pascoal II. O pequeno claustro adjacente à igreja é belíssimo, com seu jardim e uma singela fonte. Para visitá-lo, é necessário tocar a campainha ao lado da porta, na lateral esquerda. Mas o grande tesouro do convento é o **Oratorio di San Silvestre**, situado à esquerda do segundo pátio, na saída da igreja. A porta de entrada está sempre fechada, então aqui também é necessário tocar a campainha e solicitar a chave, a ser devolvida ao fim da visita. As paredes do oratório estão decoradas com afrescos do século XIII, bem conservados, que retratam a história da conversão de

Constantino pelo papa Silvestre I. Está aberta à visitação de segunda a sábado, de 9h30 às 12h, e de 15h30 às 18h.

Ao sair do convento, vamos caminhar pela Via dei Santi Quattro Coronati até a Via dei Querceti, dobrar à direita nesta via até a Via di San Giovanni para chegar à **Basílica de São Clemente**, dedicada ao papa Clemente I (35-101), o quarto papa da cristandade, contemporâneo de São Pedro e São Paulo. Sob o ponto de vista arqueológico, trata-se de uma das mais importantes igrejas de Roma. Aí vamos encontrar três níveis de edificações: ao nível da rua, a atual igreja, do século XII; abaixo dela, uma outra, do século IV, e mais abaixo, construções primitivas do século I, incluindo um templo dedicado a Mitra, culto proveniente da Pérsia com adeptos em Roma, e uma casa pertencente a um cônsul romano convertido ao cristianismo. Esse cônsul permitia que sua casa fosse usada como local de culto por cristãos perseguidos.

A basílica do século IV conserva em suas paredes uma formidável coleção de pinturas do período medieval. Sua nave central foi muito reduzida em tamanho devido à colocação de paredes para suportar a igreja superior. Esta possui um dos mais perfeitos interiores do estilo medieval em Roma, com seu belíssimo piso cosmatesco, suas antigas colunas e o original coro, transferido da igreja abaixo, enclausurado por paredes de mármores de diversas tonalidades. À esquerda, o púlpito e um castiçal espiralado decorado com mosaicos. Atrás do altar, a parede do arco do abside é decorada por um rico afresco do século XII, com Cristo, a Virgem e os Apóstolos, e pela maior glória da igreja, *O triunfo da Cruz*, um trabalho em mosaico também do século XII. Outro grande tesouro artístico da igreja é a capela de **Santa Caterina di Alessandria**, do lado esquerdo da entrada principal. Data do século XV e é ricamente decorada com afrescos de Masaccio (1401-1428) e Masolino di Panicale (1383-1447), artistas florentinos que retratam a vida da santa e de Santo Ambrósio. Fica aberta de 9h às 12h30 e de 15h30 às 18h30.

OITAVO DIA

Onde comer

No **Pincio**, parte mais alta da **Villa Borghese**, instalada em um palácio neoclássico do século XIX, projeto do arquiteto Giuseppe Valadier (1762-1839), a **Casina Valadier** propicia uma fantástica vista de Roma. É um tradicional ponto de encontro de intelectuais, políticos e celebridades. Fica na Piazza Bucarest e abre diariamente de 12h30 às 15h e de 20h às 23h.
Tel.: (39) 06 6992 2090.

No hotel Hilton Cavalieri, no Montemario, **La Pergola** é considerado um dos melhores e mais luxuosos restaurantes de Roma. Naturalmente caro, mas uma experiência inesquecível. Exige uso de paletó para homens. Fica na Via Cadlolo, 101. Fecha aos domingo e às segundas-feiras. Tel.: (39) 06 3509 2152.

Na Auditorium Parco della Musica fica o bar e restaurante **Red**, moderno e com uma decoração ousada.
Tel.: (39) 06 869 1630.

Pertinho da **Basílica de São Clemente**, numa atmosfera bem familiar e com boa cozinha romana e toscana, há o **La Naumachia**. Tel.: (39) 06 700 2764.

Oh Roma! Minha casa! Cidade da alma!

Lord Byron (1788-1824), escritor e poeta inglês

ROMA FORA DO CENTRO

Museo della Civiltà Romana, com ricas reconstituições da arte e arquitetura romana desde sua fundação até o advento do cristianismo, finaliza a amostra com uma excelente maquete da Roma Antiga. Fica situado no E.U.R., com acesso pela linha B do metrô, direção Laurentina, com descida na estação Fermi. Daí pode-se caminhar ou pegar o ônibus 767 até o museu.

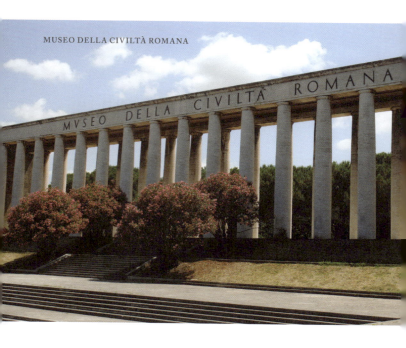

MUSEO DELLA CIVILTÀ ROMANA

Basilica di San Paolo Fuori le Mura, uma das quatro basílicas papais de Roma, a segunda em tamanho, fundada pelo imperador Constantino no século IV. Ampliada e restaurada por diversas vezes, foi parcialmente destruída por um incêndio em 1823. Foi reconstruída pelo papa Leão XII (1760-1829) com donativos que vieram de todo o mundo cristão. Seu formato é a cruz latina com uma monumental nave central e quatro laterais, separadas por colunas monolíticas de granito.

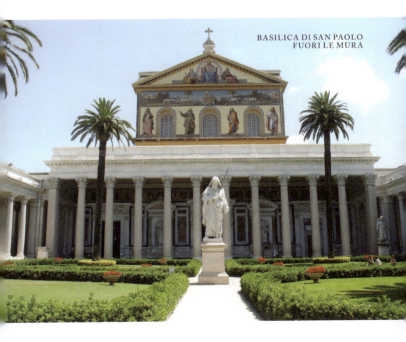

BASILICA DI SAN PAOLO FUORI LE MURA

Medalhões com retratos de todos os papas são exibidos na parte superior da nave central. Os admiráveis mosaicos do arco triunfal são obra de Pietro Cavallini do século XII e foram preservados do incêndio, o mesmo ocorrendo com outros mosaicos venezianos do abside e com o enorme candelabro pascal, o maior que se conhece, também do século XII, obra de Pietro Vassalletto (1154-1186). O claustro adjacente, também obra de Vassalletto e que escapou do fogo, é considerado o mais belo de Roma. O acesso se dá pela linha B do metrô, direção Laurentina, estação San Paolo. Fica aberta diariamente de 7h às 18h.

Museo della Centrale Montemartini, praticamente desconhecido do grande público, é um extraordinário exemplo de um novo movimento romano no sentido de mostrar sua arte antiga em ambiente moderno. A Centrale Montemartini, inaugurada em 1912, é a primeira estação de Roma para produção de energia, e nos anos 1990 foi adaptada para se transformar em um espaço de exibição de centenas de peças vindas dos Musei Capitolini. São trabalhos em mosaico, estátuas de mármore e bustos que podem ser admirados no meio das colossais máquinas de produção de energia. Imperdível. Fica situado na Via Ostiense, 106, e fica aberto de terça a domingo, de 9h às 19h. Metrô B, estação Piramide. Pode-se caminhar até o museu ou pegar um dos ônibus que percorrem a Via Ostiense: 23, 271, 769. Outra opção é o ônibus 271 que passa na Piazza Venezia e vai até o museu.

ROMA FORA DO CENTRO

CLAUSTRO DA BASILICA
DI SAN PAOLO

VIA APIA ANTICA

Via Ápia, a mais antiga da estradas romanas, obra do censor Ápio Cláudio (340 a.C.-273 a.C.), concluída em 312, ligando Roma a Cápua e posteriormente a Brindisi, no litoral Adriático, rota para o Império do Oriente. Inicia na mais imponente das portas da cidade, a de San Sebastiano. Logo no seu início está a pequena igreja Quo Vadis, venerada pelos cristãos, que a têm como o ponto de encontro de Cristo e São Pedro, quando este abandonava Roma fugindo das perseguições aos membros da nova crença. Ao longo da Via Ápia se vê: uma série de catacumbas, a igreja barroca de San Sebastiano Fuori le Mura, o Circus di Massenzio, o mais preservado dos circos romanos, e vários túmulos de patrícios, distinguindo-se, entre eles, o de Cecília Metella, de uma grandiosidade impressionante. Para ir à Via Ápia, pode-se utilizar o metrô B, direção Laurentina, estação Circo Maximo e, em seguida, pegar na Viale Aventino o ônibus 118, que percorre a via.

HISTÓRIA DE ROMA
Grandes marcos

753 a.C.
Fundação de Roma, início da Monarquia, tendo Rômulo como primeiro rei.

509 a.C.
Deposição do rei Tarquínio, o Soberbo, queda da Monarquia, início do período republicano.

27 a.C.
Augusto dá fim ao regime republicano e assume o cargo de imperador, dando início ao Império.

64 d.C.
Um incêndio destrói grande parte de Roma.

800
Carlos Magno é sagrado imperador do Sacro Império Romano pelo papa Leão VII, no Vaticano.

1309
A sede da papado é transferida para Avignon, na França.

49 a.C.
César cruza o Rubicão, retorna a Roma e assume o poder como ditador.

44 a.C.
César é assassinado.

312
Constantino é coroado imperador e adota a religião cristã no Império.

476
Queda do Império Romano do Ocidente.

1378
O papa Gregório XI retorna a sede do papado para Roma.

1506
É lançada a pedra fundamental da nova Basílica de São Pedro pelo papa Júlio II.

1508
Michelangelo é contratado para pintar o teto da Cappella Sistina.

1527
Roma é saqueada pelas tropas francesas de Carlos V.

1626
A Basílica de São Pedro é consagrada pelo papa Urbano VIII.

1870
Roma se torna a capital da Itália unificada.

1929
É criado o Estado do Vaticano pelo Tratado de Latrão.

1940
A Itália entra na Segunda Guerra Mundial ao lado da Alemanha.

1990
Roma é a sede da Copa do Mundo de futebol.

1534
Michelangelo volta à Cappella Sistina para pintar o Juízo Final.

1585
Início da grande reforma urbanística de Roma, efetuada sob o pontificado de Sisto V.

1877
Início de nova reforma urbanística em Roma.

1922
Com a marcha sobre Roma, Mussolini assume o poder e dá início ao período fascista na Itália.

1944
Roma é libertada da ocupação nazista pelas tropas aliadas.

1960
Roma é a sede dos Jogos Olímpicos.

BIBLIOGRAFIA

DOLLMANN, Eugen. *Roma nazista*. Milano: RCS Libri, 2002.

DIESBACH, Ghislain de. *Chateaubriand*. Paris: Perrin, 1995.

DUFFY, Eamon. *Santos e pecadores*: história dos papas. São Paulo: Cosac Naify, 1997.

DURANT, Will. *César e Cristo*. Rio de Janeiro: Record, 1941. (A História da Civilização, 3).

FRANCO, Afonso Arinos de Melo. *Amor a Roma*. Rio de Janeiro: Nova Fronteira, 1982.

GALLO, Max. *César imperador*. Rio de Janeiro: Nova Fronteira, 2003.

MASSIE, Allan. *Augusto, o imperador Deus*. Rio de Janeiro: Ediouro, 2000.

MASSON, Georgine. *Rome*. Helsinki: WS Bookwell, 1998.

PUZO, Mario. *Os Bórgias*. Rio de Janeiro: Record, 2001.

SCOTTI, R. A. *Basílica de São Pedro*. Rio de Janeiro: Nova Fronteira, 2007.

SPINOSA, Antonio. *La grande storia di Roma*. Milano: Arnoldo Mandatori, 1998.

SUAREZ, André. *Rome*. Paris: Calmann-Lévy, 1998.

SUETÔNIO. *A vida dos doze Césares*. São Paulo: Martin Claret, 2006.

Ruy Araújo nasceu em São Gotardo, Minas Gerais. Formou-se em Engenharia pela Universidade Federal de Minas Gerais. É casado, pai de duas filhas e mora em Belo Horizonte. Divide seu tempo entre suas empresas nas áreas de construção civil, hotelaria e shopping center, suas atividades como vice-presidente da Associação Comercial de Minas Gerais e seu hobby preferido: as viagens pelo mundo. Sempre solicitado por seus amigos para fornecer "dicas de viagem", lançou em 2010 um *Guia de Veneza* e agora nos traz este sobre outra de suas paixões: Roma.

ANOTAÇÕES

Este livro foi composto com tipografia Adobe Caslon Pro
e impresso em papel Off Set 120 g/m² na Gráfica Rona.

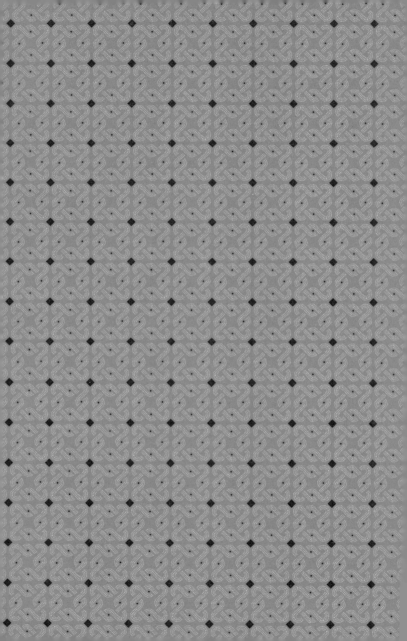